센바 쿠로노의 강해지는 마작

마작 VTuber 혼천 천봉 구단

센바 쿠로노

시작하면서

"오늘도 힘차게 3000·6000! 버추얼 YouTuber 센바 쿠로노인 것이다!
이 책을 보는 너희는 분명 마작을 더 잘하고 싶다, 이기고 싶다는 향상심
에 불타고 있을 것이다. 이 몸이 너희에게 도움이 되고 싶구나!"

다시 소개하겠습니다. 저 센바 쿠로노는 YouTube에서 마작 강좌를 메인
콘텐츠로 활동하고 있습니다. 활동 중 시청자에게 '이럴 땐 어떻게 하는 게
정답이었을까요?'라는 질문을 자주 받았습니다. 하지만 마작에선『정답』
이라는 말의 의미가 조금 복잡합니다.

예를 들어 이런 텐파이 상태입니다.

을 버려서 타점이 더 높은 삼색동순으로 리치를 선언했으나 처음 들
어온 패는 . '샤보 대기를 했으면 일발 쯔모였는데…….'라고 후회한 경
험은 누구에게나 있을 겁니다.
결과적으로 화료를 한 선택을 정답이라고 부른다면 이 상황에선 을
버리는 게 정답이었을지도 모릅니다. 하지만 이건 정말『정답』이라고 할
수 있을까요?
만약 을 버리고 한 턴 안에 화료를 못 했다 하더라도 똑같은 상황이 앞
으로 백 번 찾아온다면 전 백 번 다 을 버리고 리치를 선언할 겁니다.
그 이유는 '양면 대기를 만들어서 화료 확률을 높이고 삼색동순이 있으

니 점수도 더 높기 때문'입니다.

……혹시 그게 당연하지 않나, 라고 생각하셨습니까? 하지만 '양면 대기는 샤보 대기보다 낫다', '삼색동순이라는 역이 있다'라는 지식이 없으면 이 대답을 도출하지 못할 겁니다.

마작에 있어 '정답'이란 이런 '축적된 지식을 바탕으로 그 선택이 가장 좋다고 논리적으로 설명할 수 있는 패'를 가리킨다고 생각합니다.

마작엔 운의 요소가 존재하기에 '정답' 패를 골라도 반드시 이길 수는 없습니다. 그러나 정답 패를 골라서 이길 확률을 높일 수는 있습니다. 백 번, 천 번 똑같은 상황을 반복하면 정답 패를 고르는 게 더 좋은 결과를 남길 수 있다고 믿습니다.

이 서적은 '스스로 정답을 도출하는 힘'을 익힐 수 있는 책이 되길 목표로 하고 있습니다. 정답을 고르는 방법뿐만 아니라 거기에 이르기까지의 사고방식, 기반이 되는 지식 소개에도 많은 페이지를 할애했습니다.

이 책을 읽은 분이 작사로서 한층 레벨업을 하는 동시에 마작의 재미를 더욱더 느껴주시길 바랍니다!

목차

시작하면서 ··· 002

제1장 패를 만드는 기술 — 007

우선 「모양」에 강해지는 거다! ··························· 008

적절한 대기로 텐파이를 목표로 하는 거다! ··············· 012

강한 리치의 세 가지 조건! ······························· 018

잘 쓰면 상급자! 기술적 「텐파이 벗어나기」! ··············· 022

가~끔은 다마텐을 써보는 거다! ························· 026

배패가 그 국의 「의욕」을 결정한다! ······················ 029

제각각인 손패로 노리는 「긍정적 우회 타법」! ·············· 034

「신데렐라 패」를 남기는 거다! ··························· 039

제2장 울기의 기술 — 043

역패 「퐁!」의 세 가지 조건! ····························· 044

쿠이탕 판단은 엄격하게! ································· 049

「3부로」는 용법, 용량을 지키는 거다! ····················· 055

「역패 back」을 쓰자! ····································· 059

「4배 공격 찬스」를 놓치지 마라! ························· 064

이런 상황엔 울어서 텐파이를 거머쥐자! ·················· 068

칼럼 VTuber로 처음 데뷔한 무렵의 이야기 ··············· 075

제3장 공수 판단 기술 — 079

가치 있는 손패의 텐파이는 똑바로 공격하는 거다! ········· 080

이런 울기는 「리치와 마찬가지」인 것이다! ················· 086

패의 안전도를 아는 거다! ································· 088

안전한 스지와 위험한 스지를 구분하는 거다! ················· 092

알아두면 좋은 「벽」과 「안전 구역」 ······················ 096

버려진 적도라에 주목하는 거다! ······················ 102

이때다 하는 순간엔 「샨텐 공격」! ······················ 106

위험도를 고려하는 방법 「해적 룰렛」! ··················· 113

제4장 읽기 기술 ································· 119

상급자는 어디까지 읽을 수 있는가 ···················· 120

읽기의 첫걸음은 「테다시 패」! ······················· 126

울기에 대해 언제 포기해야 할까? 「강한 타쯔 버리기」에 주목! ··· 133

「상가의 버림패」에 힌트가 있는 거다! ··················· 137

「손역 읽기」는 소거법! 「타점 읽기」는 도라의 수! ··········· 142

상대가 울면 대기패를 「구역」으로 읽는 거다! ·············· 148

칼럼 「마작을 매료한다」란 무슨 뜻일까? ················· 153

제5장 등수를 조절하는 기술 ···················· 159

규칙마다 다른 중요한 「순위점」 ······················ 160

오라스에선 순위 상승 손패를 만드는 거다! ··············· 164

만관 쯔모의 영역을 의식하는 거다! ··················· 168

점수 상황으로 공수 판단을 바꿔라! ··················· 172

타가를 이용하는 오라스 전략! ······················· 178

가진 점수에 따라 작전을 바꾸는 거다! ················· 184

끝내면서 ····································· 188

편집 협력 / 히라사와 겐키
디자인 / 기카와다 히로시, 이노우에 나나미 (유한회사 라이트하우스), 후지모토 마이
커버 일러스트, 권말 일러스트 / 훈보
교열 / 이토 츠바사, 임숭 (유한회사 라이트하우스)

제 **1** 장

때를 만드는 기술

우선 「모양」에 강해지는 거다!

마작이라는 게임엔 다양한 기술이 있습니다. 화료를 목표로 하는 기술, 울기 테크닉, 리치와 공수 판단, 상대의 손패를 읽는 힘, 어시스트와 걸려들기 등 타가(他家)를 조종하는 방법 등. '재미있다'에서 '이기고 싶다'라는 마음을 가지게 된 당신은 우선 처음에 어떤 기술을 배우는 게 좋을까요?

전 단연 '화료를 목표로 하는 기술'을 추천합니다! 그중에서도 특히 멘젠 상태로 역을 만드는 기술을 익혀야 합니다. 다른 기술과 비교해서 사용할 수 있는 상황이 압도적으로 많기 때문입니다. 울기가 필요한 상황은 10국에 3~4국 정도고, 읽기는 대전 상대에 따른 부분이 커서 예외도 많습니다. 어시스트와 걸려들기는 쓸 수 있는 상황이 더 한정적입니다.

그에 비해 멘젠 상태로 화료를 목표로 하는 기술은 언제든 쓸 수 있습니다. 또한 예외 상황도 적어서 알면 알수록 도움이 됩니다.

초급자에서 중급자분들이 특히 실수하기 쉬운 포인트를 정리했으니 같이 살펴봅시다.

■ 강한 모양을 고정하고 약한 모양에 지원패를 남겨두자

우선 이 모양에선 무엇을 버리는 게 좋을까요?

이 문제의 정답은 四萬을 버리고 양면 대기를 고정하는 것입니다. 이때 특정 패가 하나 들어오면 텐파이할 수 있는 이샨텐이 됩니다. 四萬을 버리고 이나 을 쯔모했을 때 의 양면 대기로 리치를 선언할 수 있습니다. 이나 을 버리고 간짱을 고정한다면 먼저 간짱을 뽑지 못했을 때 간짱 대기 상태로 리치를 하게 됩니다. 대기의 기본은 양면 대기. 그러기 위해선 약한 부분은 되도록 여유롭게 만들어둡시다.

■ 완전 이샨텐을 알아보자!

그러면 이 손패에선 무엇을 버리는게 좋을까요?

조금 전의 '강한 모양을 고정한다'라는 생각을 근거로 하면 을 버려야 할 것 같지만, 을 버리고 을 머리로 고정하는 걸 추천합니다.

'을 버리면 을 받을 수 없는 거다…'라고 생각하는 분도 계실 겁니다. 그러나 만약 을 버린 후에 을 뽑아

가 될 뿐이라 텐파이도 못할뿐더러 유효패도 그리 넓지 않습니다('유효패' 란 앞으로 그 패를 뽑거나 울었을 때 량샨텐 → 이샨텐, 이샨텐 → 텐파이 등 샨텐이 진행되는 패를 말합니다).

을 버렸을 때 유효패는 과 의 네 종류이지만 을 버리면 과 두 종류가 늘어난 걸 눈치채셨을까요.

머리 후보가 두 개 있는 상태를 유지해서 이샨텐 때의 유효패를 늘리고

더욱 텐파이하기 쉬운 모양을 만들 수 있습니다. **특히 양면 대기 두 개에 머리 후보가 붙어있는 모양은 유효패가 굉장히 넓어서 '완전 이샨텐'이라고 부릅니다. 실전에서 노릴 수 있는 모양이 되면 적극적으로 만들어보세요.**

이 사고방식은 다음과 같이 양면 대기만 남은 이샨텐 때도 유효합니다.

三萬四萬四萬이나 ●●●●●●, 둘 중 하나를 머리로 고정하는 三萬이나 ●●을 버리는게 가장 텐파이하기 쉬운 방법입니다. 실전에선 도라와 바닥에 버린 패의 수, 타가의 안전도 등을 같이 고려해서 三萬이나 ●●을 고르는 게 좋습니다.

■ 머리 후보 또이쯔는 2개까지만 가지고 있자!

'머리 후보가 두 개 있는 상태를 유지하면 텐파이하기 쉬운 이샨텐을 만들 수 있다'라고 말씀드렸습니다. 그럼 머리 후보가 3개 있는 이런 손패일 땐 어떻게 할까요?

이 모양에선 ●●이나 ●●을 버리고 강한 모양을 고정합시다.

머리 후보는 두 개 있으면 유효패가 2종 4장으로 늘어나지만, 3개가 되어도 유효패는 3종 6장. 세 개 이상의 머리 후보는 유효패 수의 증가 폭이 작으니 또이쯔를 하나 풀어서 머리 두 개인 상태로 만들어야 높은 효율로 패를 만들 수 있습니다.

　이 사고방식은 흔히 말하는 '3헤드 최약 이론'이라고 합니다. 다만 이 단어만 외우고 뭐든 '3또이쯔가 있으면 하나를 풀면 되는구나!'라고 지레짐작하지 않도록 주의하세요.

　예를 들어 이런 손패는 언뜻 보기에 또이쯔가 세 개 있는 것처럼 보이지만 자세히 보면 █은 1멘쯔와 1뜬패인 █, █은 옆으로 늘리기 쉬운 우수한 연속모양입니다. 고립패인 █을 버리는 게 좋습니다.

적절한 대기로 텐파이를 목표로 하는 거다!

지금까지 높은 효율로 빠르게 텐파이를 목표로 하는 방법에 관해 이야기 했습니다. **그러나 마작의 목적은 텐파이를 하는 게 아니라 화료를 하는 것. 그러기 위해선 빠르기만 한 게 아니라 좋은 대기도 중요합니다.** 대기패 가 한 종류밖에 없는 텐파이보다 2종류 이상 있는 대기가 훨씬 화료하기 쉽고 쯔모 화료 확률도 높습니다.

이 이샨텐에서 무엇을 버리는 게 좋을까요.

을 버리면 과 의 7종류의 패로 텐파이할 수 있는, 유효패가 가장 넓은 모양이 됩니다.

하지만 그중에는 나쁜 대기의 텐파이가 되는 것도 적지 않습니다. 을 버린 후 을 뽑으면 이나 의 단기 대기가 되고, 을 뽑아도 역 시 이나 의 단기 대기가 됩니다. 가장 좋은 패는 이나 이 또이 쯔가 되었을 때밖에 없습니다.

이럴 때는 을 버리길 추천합니다. 을 버리면 과 , 5 종류의 패로 텐파이할 수 있는 이샨텐이 됩니다. 을 버리는 것보다 적게 느껴지실지도 모르겠습니다만 을 버렸을 때의 장점을 말하자면 5종류 의 패 중에서 어떤 걸 뽑아도 좋은 모양의 대기로 텐파이 할 수 있고 핑후 도 추가됩니다.

이런 모양일때도 [2삭][3통] 버리기를 추천합니다. 이샨텐에서 텐파이의 유효패가 가장 넓은건 [1삭]을 버리고 [二萬][三萬][四萬][五萬][2통][3통]으로 텐파이하는 경우지만, [二萬][五萬]의 양면 대기가 먼저 들어왔을 때나 [三萬][四萬]이 머리가 되었을 땐 [2삭]변짱 대기가 됩니다. 그에 비해 [2삭][3통]을 버리면 [二萬][五萬][1삭][1삭][1삭]중 어떤 걸 뽑아도 대기가 2종류 이상인 좋은 모양으로 텐파이 할 수 있습니다. 특히 [二萬][五萬]이 먼저 들어오면 [1삭][1삭][1삭]의 3면 대기로 리치를 선언 할 수 있다는 걸 눈치채셨습니까. 머리가 아직 확실하게 만들어지지 않은 모양으로, 조금 전의 [2통][3통][4통]이나 [1삭][西][西][西]같은 1멘쯔와 1머리를 만들기 쉬운 모양이 있을 땐 그 부분을 2블록으로 보고 소중하게 남겨둬서 좋은 모양의 텐파이 확률을 높일 수 있습니다.

이 이샨텐은 어떨까요. [4통]을 버리면, [1통][2통][3통]과 [삭], [삭] 그리고 [삭] 6종류의 패로 텐파이 하는 가장 유효패가 넓은 이샨텐이 됩니다. 하지만 그 중 [통], [삭]을 뽑았을 경우 최종 모양이 [삭] 변짱이 됩니다.

이런 손패에서는 [西][삭]을 버리는 게 좋습니다. 텐파이하려면 [통] [삭][삭] 6종류. [삭] 변짱은 유효패로 쓸 수 없지만 [통]을 뽑으면 [통] 대기가 남는 3면 대기에 탕야오, 핑후, 이페코 텐파이를 할 수 있습니다.

또한 변짱을 버려서 탕야오 패만 남겨두었기에 나중에 [통]을 울어서 쿠이탕 할 수도 있습니다.

이번 처럼 타쯔를 버려서 탕야오 1판을 확정할 땐 다소의 유효패 로스가 있어도 충분히 없앨 가치가 있습니다.

■ 호형(好形) 텐파이로 변화하기 쉬운 패를 가지고 있자

'좋은 대기의 텐파이를 목표로 한다'라는 사고방식의 발전형으로 '순간적 인 유효패 수를 줄여서라도 좋은 대기의 텐파이로 변화하기 쉬운 패를 가 지고 있는다'라는 사고방식도 가능합니다.

예를 들어 이런 이샨텐인 경우.

🀙을 버리면 유효패가 가장 많은 이샨텐이 됩니다. 🀋🀌🀎🀫 5종 류의 패로 리치를 선언할 수 있죠. 그러나 그 상태의 최종형은 대부분 🀫 변짱 대기입니다.

여기에선 🀙🀚🀛🀜의 통수패 연속형을 남겨놓고 🀋을 버리길 추천합 니다. 유효패의 수는 🀍🀎과 🀫의 3종류로 줄어들지만 🀙🀚🀛🀜을 남겨둔 덕분에 🀘🀙🀚🀛을 쯔모하면 통수패에 양면 3면 타쯔가 생겨서 🀫🀫을 버릴 수 있습니다. 이 단계에서 바로 🀫🀫을 버리지 않는 이유는 🀫을 뽑았을 때 좋은 모양으로 리치를 선언할 수 있기 때문입니다. 도라패 를 남길 수도 있고 핑후도 만들 수 있다는 점을 생각하면 유효패의 수가 조 금 줄어들어도 충분한 장점이 있습니다.

또한 먼저 🀍🀎을 버리고 🀫변짱 대기 텐파이가 되었을 경우, 그때의 상황에 바로 리치를 선언하든가 🀫🀫을 버리고 이샨텐으로 돌아가는 선 택이 가능한 효과도 있습니다.

■ 초반에는 변화하기 쉬운 패를 적극적으로 가지고 있자

이것과 비슷하게 '안전패를 버려서라도 적절한 모양의 텐파이로 변화하기 쉬운 패를 가지고 있는다'라는 타법도 있습니다.

(北 은 3장 버려짐)

三萬변짱과 통수 이샨텐, 안전패 북을 가지고 있으면서 안전하게 진행하던 중 통수를 뽑았습니다. 이 통수는 쯔모기리를 하든 남겨두든 유효패 수에 차이는 없습니다만, 통수의 연속형이 만들어졌으니 좋은 모양으로 변화할 가능성이 생겼습니다. 北 을 버리면,

이런 모양이 되는데 통수는 통수 쯔모로 三萬변짱보다 강한 타쯔가 생깁니다. 통수가 들어오면 통수의 모양이 대기로 남고, 통수의 5면 대기! 통수쯔모도 통수의 3면 대기. 초반엔 안전패를 버리더라도 충분히 노릴 가치가 있습니다. 우형 타쯔가 남은 이샨텐일 경우엔 호형 변화의 재료인 연속형의 가치가 더욱 상승합니다.

■ 강한 5블록을 남기자

'순간적인 유효패 수를 줄이더라도 텐파이가 가까워졌을 때의 유효패를 늘린다'라는 사고방식은 다양한 장면에서 도움이 됩니다. 따라서 알아둬야 할 패 만들기 기술이 바로 '5블록 타법'입니다.

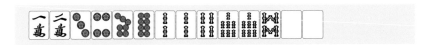

예를 들어 이런 손패에선 무엇을 버리는 게 좋을까요?

무엇을 버리든 아까울 것 같은 모양인데요. 여기에서 '5블록 타법'을 써봅시다.

블록이란 최종적으로 멘쯔, 머리 후보가 될 패 모음을 가리킵니다. 마작에선 치또이와 국사무쌍이 아닌 손패에 대해선 전부 화료했을 때의 모양이 4개의 멘쯔와 1개의 또이쯔(머리)가 되어 합계 5블록이 됩니다. 즉 '5블록 타법'이란 화료와 먼 단계에서부터 손패를 5개의 블록으로 나누자! 라는 뜻입니다.

앞의 손패를 블록으로 나눠보면 다음과 같은 모양이 됩니다.

블록이 6개 있는 걸 눈치채셨습니까? 어떤 블록은 앞으로 어딘가에서 버리게 될 겁니다. '5블록 타법'에 기반하면 이 시점에 가장 약한 블록, 유효패가 한 종류밖에 없는 부분을 버려서 블록을 5개로 줄임으로써 강한 모양을 남기자! 라고 생각해야 합니다.

이 5블록 타법의 장점은 나중에 텐파이가 가까워졌을 때 유효패의 수가 많다는 점입니다.

5블록에 대비해서 '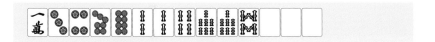버리기' 후 □을 뽑았을 경우…….

다음 유효패는 🀝🀞🀟 🀐🀑🀒 9종 32패.

6블록에 대비해서 '🀍버리기' 후 □을 뽑았을 경우…….

결국 여기에서 🀇🀈 블록을 버리게 되기에 다음 유효패는 🀝🀞🀟 🀐🀑🀒 7종 28패.

5블록 타법을 쓰는 편이 머리 2개 상태가 되어서 🀑과 🀍의 유효패가 늘어납니다.

마작은 산샨텐에서 량샨텐, 량샨텐에서 이샨텐으로 텐파이에 가까워짐에 따라 유효패의 종류가 줄어드는 게임입니다. 하나하나의 블록을 여유롭게, 유효패를 폭넓게 둬서 량샨텐, 이샨텐 때의 유효패, 그리고 텐파이 때 강한 모양을 남길 수 있다는 점이 5블록 타법의 장점입니다.

강한 리치의 세 가지 조건!

리치는 그것만으로도 역이 되면서 일발과 뒷도라등의 역이 붙어 고타점이 될 가능성도 있는 굉장히 강력한 역입니다. 제가 마작을 시작했을 무렵 제일 처음에 배웠던 게 '선제 리치는 대단해!'라는 것이었습니다. 그리고 지금도 초보에게 마작을 가르칠 땐 '우선 리치를 목표로 해보자!'라고 권합니다.

리치는 그만큼 편리하고 강력한 역이지만 동시에 큰 리스크도 있습니다. 타가가 텐파이 상태를 알게 된다는 점과 리치를 선언한 후엔 손패를 바꿀 수 없다는 점입니다. 리치를 선언하지 않으면 더 고타점을 낼 수 있었는데, 더 좋은 대기를 할 수 있었는데, 추격 리치 때문에 마음 졸이지 않을 수 있었는데 등 후회한 경험은 분명 누구에게나 있을 겁니다. 그런 슬픈 경험도 마작엔 반드시 따라오는 법이지만 그 가능성을 조금이라도 낮추기 위해 리치를 선언할 때를 배워봅시다.

강한 리치의 세 가지 조건! '속도, 타점, 대기'입니다!

각각 구체적으로 설명하겠습니다.

타가가 공격하기 전이라면 빠른 리치

타가가 리치를 선언하기 전, 혹은 도라를 퐁하거나 혼일색, 청일색 3부로 등이 없는 상태에서 선제 리치를 하면 '빠른 리치'입니다. 중반 이후라면 주위의 다마텐의 가능성도 올라가기에 반드시 선제 리치=빠른 리치가 성립하지 않는 때가 있습니다.

「양면 대기 이상, 혹은 자패 대기」라면 좋은 대기

양면 대기라면 쯔모 확률도 높고 추격 리치로 경쟁 상태가 되었을 때도 유리합니다. 자패 대기는 타가가 버린 패로 론 할 확률이 높고, 통계적으로 양면 대기와 동등한 확률로 화료할 수 있어서 이쪽도 '좋은 대기'입니다.

타점은 「리치 +2판 이상」

리치는 손패를 바꿀 수 없다는 리스크가 있기에 화료했을 때 얼마나 많은 타점을 얻을 수 있는지 확인하는 것도 중요합니다. 리치 +2판이라면 쯔모를 하거나 뒷도라가 붙으면 만관이 되기 때문에 충분히 '고타점 리치'라고 할 수 있습니다(핑후의 경우엔 조금 더 적지만 그래도 충분히 고타점입니다).

이 조건 중 두 가지 이상을 충족하면 분명히 강한 리치라고 할 수 있습니다. 멘젠으로 텐파이한 상태엔 계속 리치를 선언해보세요.

■ 도라가 하나 있으면 기본적으로 리치 선언

그럼 세 가지 조건 중 하나밖에 충족하지 못한 경우엔 어떻게 해야 할까요.

동1국 남가 6순 도라🀫

아직 아무도 리치가 없는 상황에서 이런 텐파이를 했습니다. '속도'는 빠르지만 샤보 대기에 타점도 리치, 도라1의 2판입니다.

이런 텐파이도 기본적으로는 바로 리치를 선언해야 합니다. 그 이유는 리치를 선언하지 않으면 역이 없기 때문에 론 화료를 못한다는 점과 호형, 혹은 고타점이 될 변화가 거의 없기 때문입니다.

매번 '강한 리치'를 선언하는 게 이상적이긴 해도 그럴 가능성이 낮은 선제 텐파이가 되었을 땐 이 손패의 유일한 강점인 '속도' 어드밴티지를 활용합시다. 또한 도라1이 있으면 쯔모를 해서 뒷도라가 붙거나 일발 쯔모를 했을 때 만관이 되니 타점을 계산해보면 '분명히 강하다고 할 순 없어도 괜찮은 편이다'라고 할 수 있습니다.

'선제 리치, 도라1'은 충분히 바로 리치를 선언할만한 상황입니다.

다만 이런 손패의 변화 가능성이 낮은 간짱이나 샤보로 텐파이할 때 바닥에 이미 필요한 패가 2장 이상 버려졌다면 다마텐을 추천합니다. 리치를 선언해도 얻을 수 있는 보상이 적은 데다가 필요한 패가 적으면 그만큼 타가가 추격 리치를 선언했을 때의 리스크가 큽니다.

그런 이유로 다마텐을 고른 후 타가가 리치를 선언했다면 손패를 망치더라도 내리는 것도 생각해봅시다.

■ 친(親)은 적극적으로, 자(子)는 조심스럽게

세 가지 조건 중 하나밖에 충족하지 못한 텐파이가 되었을 때의 리치 판단은 본인이 친인지 자인지에 따라서도 다릅니다.

친이라면 적극적으로 선제 리치를 선언하는 게 좋습니다. 친은 화료했을 때 받을 수 있는 점수가 많고, 자가 쯔모를 했을 땐 많은 점수를 내야 해서 자일 때보다 화료의 가치가 큽니다.

또한 친의 선제 리치에 자는 받아치기 힘들기에 친으로 선제 텐파이를 했을 땐 타점이 적은 우형 텐파이라고 해도 선제 리치가 효과가 있습니다(흔히 '친의 리치는 마법의 주문'이라는 말이 있을 정도입니다).

반대로 본인이 자일 땐 선제라고 해도 우형, 역이 리치만 있는 경우는 자제하는 게 좋습니다. 친일 때와 비교하면 주위에서 도리어 공격을 당하는 경우가 많고, 특히 친이 화료했을 때 큰 실점을 할 가능성이 있습니다. 일단 텐파이에서 벗어나 손패가 바뀌길 기다리거나 다마텐에 대비하다가 타가의 공격이 들어오면 내리는 게 낫습니다.

잘 쓰면 상급자!
기술적 「텐파이 벗어나기」!

'속도, 타점, 대기' 중 두 가지를 충족하면 바로 리치를 선언하라고 소개했습니다. 그럼 조건 중 하나 이하밖에 충족하지 못한 텐파이가 되었을 땐 어떻게 해야 좋을까요?

아무도 리치를 선언하지 않은 상태라면 리스크를 이해하고 리치를 선언해서 상대의 발을 묶길 기대하고, 이미 누군가가 리치를 선언했다면 일단 다마텐을 하면서 수비하는 것도 생각하는 등 그 자리에 따라 다른 판단을 해야만 하는 상황이라 상급자도 판단이 갈리는 어려운 부분입니다.

하지만 당장 텐파이를 하지 않아도 호형 고타점이 될 가능성이 보이면 일부러 텐파이 상태를 벗어난다는 선택지가 있습니다. 여기에선 이때다! 할 때의 '텐파이 벗어나기' 기술을 소개하겠습니다.

예를 들어 이런 텐파이! '빠른' 리치이긴 하지만 '타점'은 리치뿐인 1판, '대기'도 간짱이라 좋다고 할 수 없습니다. 여기에선 리치 선언을 꾹 참고 九萬을 버려서 텐파이 상태에서 벗어납시다.

만수패는 四萬五萬六萬七萬 4연속형, 삭수패는 나카부쿠레 모양이 남은 멋진 이샨텐으로 돌아올 수 있습니다.

이 두 개의 연속형 중 어느 곳에 붙일 수 있는 패, 三萬 伍萬 六萬 八萬, 🀞🀞🀞🀞🀞 중 하나를 뽑으면 양면 대기가 될 뿐만 아니라 핑후와 탕야오도 붙어서 타점이 크게 올라갑니다. 八萬을 뽑으면 후리텐이 되겠지만 고타점 탕야오가 붙은 핑후의 3면 대기 텐파이가 되기 때문에 망설이지 말고 리치를 선언합시다. 이처럼 패를 버려서 탕야오가 확정되거나 높은 확률로 핑후가 붙는 타쯔가 있는 경우엔 특히 적극적으로 텐파이 벗어나기를 노리는 게 좋습니다.

이쪽도 🀞을 버리면 八萬 간짱으로 도라1의 리치를 선언할 수 있지만, 역시 九萬을 버리고 텐파이에서 벗어나 쿳츠키 텐파이 모양으로 바꾸는 게 좋습니다. 🀡🀢을 뽑아서 456, 혹은 567의 삼색동순 텐파이가 되기 때문입니다.

앞의 패 모양과 비교해서 유효패의 수는 줄어들지만 하네만, 배만까지 올라갈 가능성을 가진 🀞에 붙지 않아도 만수패가 뻗어서 리치, 핑후, 탕야오, 적도라1이라면 대기 폭도 넓고 고타점도 노릴 수 있는 텐파이가 됩니다. 그렇게 되었을 땐 🀞을 버리고 리치를 선언합시다.

머리가 완성되지 않은 채 텐파이했을 때도 텐파이 벗어나기가 효과적입니다. 七萬을 버려서 일단 텐파이하는 것도 가능하지만, 여기에선 🀫을 버리고 텐파이 상태에서 벗어납시다.

三萬 四萬 五萬 七萬 八萬 [筒] [筒] [索] [索] [索] [索] [索] 東 도라 北

이렇게 하면 [索][索]東을 뽑아서 六萬九萬 대기의 리치, 핑후, 탕야오 텐파이가 됩니다. 六萬九萬을 먼저 뽑은 경우엔 삭수패 노베탄으로 리치를 선언할 수 있는 모양이 됩니다. 七萬八萬을 뽑으면 후리텐이지만 3면 대기, 고타점 삼색동순의 모양으로 둘 다 '강한 리치'를 선언할 수 있으니 충분히 텐파이 벗어나기에 어울리는 넓은 이샨텐이 됩니다.

四萬 五萬 五萬 六萬 [筒] [筒] [筒] [筒] [索] [索] [索] [索] [索] 도라 北

([索]이 바닥에 2장 버려진 상태)

이미 대기패가 많이 버려져서 바로 리치를 선언하기 힘든 경우에도 텐파이 벗어나기가 효과적입니다. '[索]은 2장 버려져서 안커가 되지 않는다'라는 생각에 [索]을 버리면 통수패를 뽑았을 때의 변화를 놓치게 됩니다. '일단 五萬을 버려서 텐파이를 하고 양면 대기가 되면 리치를 선언하자'라고 하면 만수패를 뽑았을 때의 변화를 놓치게 되는 복잡한 모양이지만 [筒]을 하나 버려서 이샨텐으로 돌아오면,

四萬 五萬 五萬 六萬 [筒] [筒] [筒] [索] [索] [索] [索] [索] 도라 北

통수패는 4연속형이고 만수패는 나카부쿠레 모양이 됩니다. 이 쿳츠키 텐파이 이샨텐으로 돌아와 어느 쪽이 양면 대기로 변화할지 기다린 후 리치를 선언하는 게 '강한 리치'로 가는 최단 루트입니다.

一萬 二萬 二萬 三萬 三萬 四萬 伍萬 六萬 七萬 八萬 🀞🀞 西 西 도라 北

이런 텐파이가 되었을 때도 텐파이 벗어나기를 하는 게 좋습니다.

二萬 伍萬 八萬 중 하나를 버리면 🀞🀠 대기의 핑후 텐파이로 2000점 리치를 선언할 수 있습니다. '선제 양면 대기는 바로 리치!'라고 외치며 힘차게 패를 옆으로 돌리고 싶겠지만 여기에선 더욱 고타점으로 변화할 가능성을 확인하고 🀞🀞 을 버려서 텐파이 상태에서 벗어나는 선택도 할 수 있습니다.

만수패는 一萬 二萬 三萬 부분을 제외하면 二萬 三萬 四萬 伍萬 六萬 七萬 八萬 의 굉장히 좋은 호형. 만수패 전 종류와 서가 유효패가 되는 혼일색 이샨텐입니다. 멘젠으로 완성하면 하네만, 배만급 점수를 노릴 기회가 있습니다.

'호형의 선제 텐파이는 바로 리치'라는 마작의 기본을 등지는 예외적인 경우입니다만 이런 방법도 기억해두시면 마작은 더욱더 재미있어질 겁니다!

샨텐 되돌리기의 기준을 정리하면 아래와 같습니다.

- 리치로는 대기가 나쁘다, 혹은 타점이 적다
- '변화가 풍부한 연속형이 있다' 또는 '타점이 크게 올라간다, 가치가 높은 뜬패가 있다'
- 한 턴 안에 텐파이할 수 있는 손패로 바꿀 수 있다

이 '모든' 조건을 충족했을 때 초조해하지 말고 텐파이에서 벗어납시다.

가~끔은 다마텐을 써보는 거다!

'속도, 좋은 대기, 높은 타점' 세 가지 조건 중 두 가지 이상을 만족한 경우 엔 기본적으로 리치를 선언하라고 말씀드렸습니다.

그러나 세 조건을 충족했는데도 다마텐(멘젠으로 리치를 선언하지 않은 텐 파이)을 하고 싶을 때, 예를 들면 이런 텐파이를 했을 땐 어떻게 할까요.

동1국 동가 6순 도라

다마텐을 해도 더블 동, 도라3, 12000점의 고타점 텐파이를 했습니다. 6 순이면 빠른 편이고 대기도 양면 대기. 세 가지 조건을 모두 충족한 텐파이 입니다. 확실하게 12000점을 얻고 싶으니까… 라며 다마텐을 하고 싶어질 지도 모릅니다만 여기도 역시 마음을 굳게 먹고 리치를 선언합시다!

타점이 18000~24000점의 손패가 되어 화료했을 때의 1위율을 더욱 크 게 높일 수 있습니다.

■ 양형은 6판 이상, 우형은 4판 이상은 다마텐!

예외적으로 세 조건 중 두 가지 이상을 만족해도 다마텐을 하는 경우로는 아래의 두 가지가 있습니다.

• 다마텐으로도 6판 이상, 리치에 의한 타점 상승폭이 굉장히 낮을 때
• 우형으로 4판 이상, 리치에 의한 화료 확률이 저하되는 단점이 큰 경우

리치의 장점은 타점 향상, 그에 비해 단점은 화료 확률 저하와 손패를 바꿀 수 없다는 점입니다. 따라서 타점 상승폭이 적어서 다마텐으로도 결정타가 될 수 있는 6판 이상의 손패, 원래 대기패 개수가 적어서 화료 확률 저하의 단점이 큰 우형 4판 이상의 손패는 다마텐이 효과적입니다.

■ 바로 호형으로 변화할 수 있을 만한 대기

또한 바로 호형으로 변화하기 쉬운 텐파이가 되었을 땐 호형 변화 후 리치를 노리고 일단 다마텐을 하는 선택이 효과적입니다.

[패]을 버리고 간짱 [패] 리치나 [패] 중 하나의 단기 대기로 리치를 선언하는 것도 가능하지만 이번엔 [패]을 버리고 [패] 단기 대기를 하면서 멘쯔에 붙이는 호형 변화를 보는 게 좋습니다. 예를 들어 만수패에선 [패], 삭수패에선 [패]을 뽑으면 3면 대기로 리치를 선언할 수 있습니다.

이런 샤보 텐파이도 호형 변화를 노리고 일단 다마텐을 하는 게 좋습니다.

다마텐으로도 화료할 수 있으니 리치에 의해 역을 만들 필요가 없으며 통수패는 [패], 삭수패는 [패] 쯔모로 양면 이상 대기로 변화하는 데다가 이라면 3면 대기로 일기통관, 쯔모를 해도 핑후와 이페코로 호형 변화, 타점이 상승하는 변화의 폭이 굉장히 커집니다.

이렇게 샤보의 또이쯔 부분이 다른 멘쯔와 붙은 연속형일 땐 호형 변화를 할 패가 늘어나니 다마텐이 효과적입니다.

배패가 그 국의 「의욕」을 결정한다!

 지금까지 텐파이가 가까운 상태, 혹은 텐파이했을 때의 판단에 관해 이야기했습니다. 그와 똑같이 중요한 마작의 기술로 초반에 어떤 패를 목표로 하는지에 대한 상상력이 있습니다.

 패 만들기의 기본은 패를 안으로 모으는 것. 그러기 위해 초반엔 하나밖에 없는 자패나 고립한 노두패부터 버려야 합니다. 그런데 이 패를 버리는 순서에 대해 생각해보신 적 있으십니까?

 아래의 세 가지 배패를 봅시다.

동1국 북가 1순 도라 伍萬

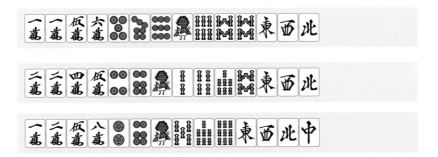

 모든 배패에서 ⟨索⟩東西北이 뜬패가 됩니다. 東부터 버릴까? 西부터 버릴까? 마작을 하면 매번 찾아오는 선택지입니다. 이런 대수롭지 않은 한 턴에도 실은 미묘하지만 분명히 차이가 존재합니다. 초반에 자패를 버리는 순서는 구상력에 기반해서 정해야 합니다.

■ 버리는 순서 결정은 손패의 「의욕」

포인트는 본인의 '의욕'입니다. 그렇다고 해도 '오늘은 이길 거야―!'라는 의미의 의욕이 아닙니다. 위에 보여드린 세 가지 배패를 보고 어떤 패에서 '의욕'이 생길까요?

첫 번째 배패는 굉장히 의욕이 넘칩니다! 두 번째도 나름대로 의욕이 생기죠. 세 번째는 어쩐지 의욕이 없을지도……. 그런 생각을 하셨다면 당신의 마작 센스는 최고!

왜 배패 시점에 의욕이 생기거나 생기지 않는 걸까요? 그건 즉 배패를 확인한 시점에 '이 패는 어느 정도의 타점으로 화료할 수 있을까?'라고 상상하기 때문입니다. 이렇게 배패엔 크게 나눠 '굉장히 좋은 배패'와 '평범한 배패', '좋지 않은 배패' 세 가지가 있습니다.

대체적인 기준으로는 '호형(완성된 멘쯔, 양면 타쯔, 또이쯔) 블록의 수'가 3개 이상 있으면 좋은 배패, 두 개는 평범한 배패, 하나 이하는 좋지 않은 배패라고 할 수 있습니다.

🀋🀌🀍🀎이나 🀤🀥🀦🀧 같은 옆으로 늘어나기 쉬운 연속형은 처음부터 2블록으로 셀 수 있고, 손패 중에서 반드시 쓰고 싶은 더블 도라인 🀄은 한 개만으로도 1블록으로 셀 수도 있습니다.

이런 분류가 중요한 이유는 어디에 속하는지에 따라 초반의 자패를 버리는 순서와 방식이 달라지기 때문입니다.

■ 「의욕이 생기는 패」는 타가가 울었을 때 곤란한 패부터

우선 이런 좋은 배패일 때의 자패를 버리는 순서입니다.

모양을 충분히 갖춰서 화료로 가는 길이 확실하게 보이는 손패입니다. 목표는 멘젠 리치입니다. 블록이 이미 5개 있으니 역패가 겹쳐도 그리 기쁘지 않죠.

이런 배패일 땐 '타가에게 있어 가치가 높은 역패를 빨리 버린다'가 정석입니다.

'타가가 울면 안 되니까'와, 오래 가지고 있으면서 🀄부터 버리면 타가가 '또이쯔가 되면 좋겠다'라며 1장만 가지고 있던 역패를 더 가질 가능성이 점점 올라갑니다.

따라서 좋은 배패일 땐 '타가가 울었을 때 곤란한 패'부터 순서대로 버립시다.

구체적으로는 아래의 순서와 같습니다.

더블 동, 더블 남 > 삼원패 > 객풍패(오타카제) > 노두패 > 자풍패

작전은 '멘젠으로 패를 진행하여 강한 리치를 선언한다'입니다.

■ 평범한 배패일 땐 겹치는 역패를 중요하게 여긴다

다음으로 평범한 배패일 땐 어떻게 해야 할까요.

이번에도 충분히 멘젠 리치를 노릴 수 있지만 좋은 배패라고 할 수 없는 이유는 블록이 부족하기 때문입니다. 즉 겹치는 자패와 🀄에 붙여서 5블록을 만들 가능성도 고려해야만 합니다. 역패가 겹쳤을 땐 울어서 화료하는 루트도 동시에 고려합시다.

🀄에 붙일 패와 자패의 겹침을 비교했을 때 🀗과 🀙이 유효패가 되는 🀄이 패의 수가 많지만 🀄🀗도 🀄🀙도 우형 타쯔라는 점에 비해 🀀이나 🀃은 겹치면 역패 또이쯔라는 호형 타쯔가 완성되고, 게다가 울어도 쓸 수 있습니다. 평범한 배패일 땐 역패 > 고립한 노두패를 남기는 게 좋습니다. 다만 🀄도 🀂보다는 멘쯔가 될 확률이 높으니 버리는 순서는 아래와 같습니다.

객풍패(오타카제) > 노두패 > 더블동, 더블남 > 3원패 > 자풍패

작전으로는 '리치를 선언할 수 있으면 좋지만 도중에 역패가 겹쳐서 울 수 있는 모양이 되면 울어서 손패를 바꾼다'입니다.

■ 좋지 않은 배패일 땐 마지막까지 역패를 버리지 않을 가능성을 남겨둔다

마지막으로 이런 '좋지 않은 배패'일 땐 어떻게 해야 할까요.

🀇🀈🀋🀎🀙🀝🀄🀗🀟🀀🀂🀃🀄

우형과 고립패가 많고 어떤 역을 만들지도 확실히 보이지 않는 패. 이럴 땐 '자패를 가지고 있으면서 진행한다'라는 방법이 좋습니다. 이 패에서 멘젠 리치를 목표로 하고 역패부터 버려서 🀣 과 🀤 을 뽑아 블록이 하나 늘어난 시점에 텐파이할 수 있는 건 20순 후나 30순 후……. 앞길이 험난한 배패입니다. 거의 모든 경우에 타가가 선제 리치를 선언하게 될 겁니다.

즉 이 배패를 뽑았을 때 가장 중요한 건 '어딘가에서 타가가 리치를 선언한다'라는 걸 전제로 패를 버려야 합니다. 전력으로 화료를 향하는 게 아니라 타가가 언제 리치를 선언해도 괜찮도록 자패와 타가의 안전패를 가지고 있으면서 🀃 과 🀄, 🀟 부터 버립시다.

따라서 버리는 패는 아래의 순서를 추천합니다.

고립한 노두패나 2, 8패 >>>>>> 객풍패(오타카제) > 역패 > 자풍패

작전은 '자패를 남겨둬서 안전을 확보하며 우연히 쯔모한 패가 좋은 경우에만 화료를 목표로 한다. 역패 중 무언가가 또이쯔가 되어도 아직 화료를 하기엔 먼 길을 가야 하니 기본적으로 울지 않는다'입니다.

제각각인 손패로 노리는 「긍정적 우회 타법」!

좋지 않은 배패일 땐 '자패를 남겨둬서 안전을 확보하며 우연히 쯔모한 패가 좋은 경우에만 화료를 목표로 한다'라는 작전을 쉽게 소개했습니다.

좋지 않은 패란 예를 들어 이런 것을 가리킵니다. 자패와 우형 타쯔가 많고 역도 확실히 보이지 않으며 그렇다고 해서 울기도 어려워 보이죠. 타가보다 먼저 리치를 선언하기는커녕 멘젠으로 텐파이하는 것조차 어려워 보이지만 반장에 몇 번은 반드시 이런 배패를 뽑습니다.

이런 좋지 않은 배패에서 억지로 안전패를 꾸준히 찾으며 나아가 잘하면 고타점을 노릴 수 있게 된다면 어떤 배패로도 '두근두근해!'하는 느낌을 받게 되어 마작이 더욱 재미있어질 겁니다. 이럴 때의 한 가지 방침이 바로 '긍정적 우회 타법'입니다.

그럼 첫 배패를 볼까요.

동1국 남가 1순 도라中

이런 손패에서 일단 멘젠 리치를 목표로 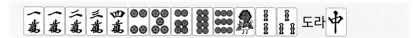부터 버렸을 때 운 좋게 쉽게 멘젠 상태로 텐파이한다 해도 이런 1300점의 텐파이밖에 하지 못하는 경우가 많다는 건 상상하실 수 있을까요?

실제로는 이 텐파이 모양조차 10번에 1번 들어올까 말까 합니다. 멘젠으로 텐파이하기 전에 타가가 리치를 선언하는 게 대부분일 겁니다.

이럴 때 '10번에 1번밖에 화료할 수 없는 1300점을 목표로 하는 것보다 30번에 1번 정도는 화료할 수 있는 8000점, 12000점을 노려서 기대치(와 두근거림)을 높인다'라는 타법을 쓸 수 있다면 마작이 더욱 즐거워지고 이길 수도 있게 될 겁니다.

■ 혼일색 또는 또이또이를 목표로 하자

'멘젠으로는 역을 만들지 못할 것 같은 좋지 않은 배패'가 운 좋게 쯔모가 잘 맞았을 때 만관 이상의 화료가 될 수 있도록 하는 게 '긍정적 우회 타법'의 기본적인 방침입니다.

조금 전 소개했던 배패는 곧바로 샨텐 수를 올려도 빨리 화료할 수 없습니다.

그렇다면 어떻게 해야 할까요? '역을 만들기 쉬운 자패와 타점이 되는 도라를 소중하게 남기고 나중에 우는 걸 전제로 손패를 만들자'입니다.

여기에서 주로 노리는 역으로는 혼일색과 또이또이입니다. 이 두 역은 울어도 2판이라 고타점을 만들기 쉬운 게 특징으로, 이 둘 중 하나로 만드는 게 기본적인 방침입니다. 자패는 겹칠 수 있다면 우수한 퐁 재료가 되는 동시에 혼일색에도 또이또이에도 쓸 수 있는 '긍정적 우회 타법'에 있어 가장 중요한 패입니다. 역패라면 1판의 가치가 더 있으니 겹칠 가능성을 남기기 위해 고립패라고 해서 쉽게 버리지 않도록 합시다.

도라는 그 자체로는 역이 되지 않지만 2장 이상이 되기만 해도 2판, 바로 만관 클래스의 타점을 얻을 수 있기에 이쪽도 중요한 패입니다.

이걸 조합해서 '또이또이, 도라2'나 '혼일색, 역패, 적도라1', '혼일색, 역패, 역패' 등의 만관 이상의 손패를 목표로 하는 게 긍정적 우회 타법입니다. 즉 유효패의 개수를 중시한 멘젠 리치 순서와는 크게 다른 패 선택을 하게 됩니다.

구체적인 타법을 살펴볼까요.

처음에 이 배패를 뽑으면 멀어 보여도 만수패 혼일색을 목표로 해야 합니다. 즉 중요한 건 역에 관련된 '만수패'와 '자패', 그리고 '도라'입니다.

통수패와 삭수패를 전부 버리고 8순 정도에 이런 모양이 되었다면 하네 만이나 배만까지 노릴 수 있는 패가 되었습니다.

이렇게 자패와 만수패만 잘 뽑다니, 거의 불가능하잖아!'라고 생각하실지

도 모릅니다. 물론 확률은 그리 높지 않지만 자패부터 버렸을 때 중반에 이런 손패가 될 가능성은 0%입니다.

긍정적 우회 타법의 포인트는 '원래 화료하기 힘든 손패이니 멀리 돌아가더라도 상대적으로는 속도가 느리지 않다'라는 점입니다. 똑바로 나아가도 멘젠 리치가 힘든 좋지 않은 배패일 땐 매력이 있는 역의 모양이 될 몇 %의 가능성에 걸고 과감하게 멀리 돌아가 봅시다.

무엇을 쯔모할 지 모르는 게 마작입니다. 이런 의도치 않게 찾아오는 편중된 쯔모, 고타점이 될 유효패를 놓치지 않는 게 중요합니다.

이 배패라면 자패가 많고 또이쯔가 3개 있어서 또이또이를 목표로 하는 게 좋아 보입니다. 즉 중요한 건 '또이쯔가 되었을 때 타점이 올라가는 역패, 도라'와 '또이쯔가 되었을 때 울기 쉬운 자패, 노두패'입니다. 이걸 우선시해서 남겨둔다면 제일 먼저 🀌이나 🀛을 버리는 게 좋습니다.

이것도 8순 정도에 이런 모양이 되었다면 충분히 만관을 노릴 수 있는 손패라고 할 수 있습니다.

정리하면 다음과 같습니다.

타점이 낮고 좋지 않은 배패일 땐

- **오래 걸리는 혼일색이나 또이또이를 노려야 한다**
- **자패, 도라, 역에 관련된 패를 남겨둔다**
- **역과 도라와 역패 세 가지를 조합해서 4판 이상을 목표로 한다**

이 방침과 타법을 알면 좋지 않은 배패일 때도 운이 좋으면 고타점의 가능성을 남겨둘 수 있습니다.

마작의 기본은 멘젠으로 텐파이를 해서 리치를 선언하는 것입니다. 긍정적 우회 타법은 멘젠으로 텐파이가 힘든 배패가 운 좋게 고타점이 되길 바라는, 말하자면 '패자부활전'이라고도 할 수 있는 타법입니다.

'멘젠으로 싸울 수 있는 패와 힘든 패'를 구별하는 게 힘들겠지만 전 아래의 세 가지 조건을 충족했을 때 '긍정적 우회 타법'을 쓰고 있습니다.

- **강한 연속형과 도라를 포함한 양면 타쯔가 없다**
- **도라와 적도라가 없고 운 좋게 멘젠으로 텐파이해도**
  타점이 2000점 이하일 가능성이 높다
- **자패가 3장 이상 있다**

「신데렐라 패」를 남기는 거다!

'강한 리치의 조건'에선 '리치 +2판'이 고타점의 기준이라고 말씀드렸습니다.

그럼 이 2판을 어떻게 만들면 좋을까요? 적도라나 도라가 있다면 쉽겠지만 매번 운 좋게 도라가 들어오진 않을 겁니다. 그럴 때 도움이 되는 게 타점을 올릴 가능성을 숨긴 패, 바로 '신데렐라 패'를 찾는 것입니다.

우선 이런 이샨텐일 때 어떤 생각이 드십니까?

一萬과 의 유효패가 남은 이샨텐이긴 해도 이대로 텐파이를 하면 도라없이 리치로만 점수를 내게 됩니다. 그러나 텐파이하기 전에 더블 도라인 에 붙일 패를 뽑으면 도라와 적도라로 단숨에 타점이 +2판이나 올라갑니다. 이런 은 타점 상승과 호형 변화를 위해 누구든 텐파이까지 가지고 있고 싶은 패일 겁니다.

그럼 이런 이샨텐일 경우엔 어떻게 해야 할까요?

조금 전과 같이 一萬과 의 유효패가 남았고 도라가 없는 이샨텐인데요. 이번엔 뜬패가 입니다. 이 은 조금 전의 과 달리 적도라도 도라도 아닌 노두패라 빨리 버리고 싶은 패입니다. 하지만 실은 조금 전의 에 지지 않을 정도로 가치가 있는 패입니다.

그 이유는 🀡을 남긴 상태에서 🀡 혹은 🀡을 쯔모하면 통수패의 일기통관 이샨텐이 되어 타점을 단숨에 '+2판'을 할 수 있기 때문입니다. 즉 🀡은 지금은 외톨이인 신데렐라지만 🀡이나 🀡이라는 호박 마차가 오면 모두가 부러워할 만한 아름다운 변화를 달성할 수 있습니다. 이 🀡처럼 도라나 도라관련패가 아니더라도 큰 타점 상승의 가능성을 숨긴 패를 '신데렐라 패'라고 부릅니다.

특정 패를 뽑으면 2장으로 +2판의 가치가 있는 타쯔로 변화한다는 점과 남겨둬도 도라만큼 위험하지 않다는 점에서 이런 패는 '나만의 도라'라고 부르기도 합니다. 호박 마차가 올지 오지 않을지는 알 수 없어도 막상 뽑았을 때 확실히 배웅할 수 있도록 신데렐라 패를 놓치지 않고 남겨두는 게 고타점 역을 노리는 비결입니다. 하나의 색으로 1부터 9 중의 패가 7개 있으면 일기통관의 신데렐라가 없는지 의식하도록 노력합시다.

마작에 다양한 역이 있듯 신데렐라 패에도 몇 가지 패턴이 있습니다. 지금 소개한 건 일기통관으로 변화를 하는 일기통관 신데렐라인데요. 다음에 소개할 건 삼색동순으로 변화할 수 있는 삼색 신데렐라입니다. 어느 패가 신데렐라 패인지 알아보셨을까요?

🀇🀈🀍🀍🀍🀙🀝🀠🀄🀃🀃 도라 🀂

정답은 🀠입니다. 이번에도 🀋🀌과 🀠의 유효패가 남은 이샨텐이지만 🀇이나 🀠이라는 호박 마차가 오면 삼색동순 +2판의 기회가 있습니다. 🀄🀠을 버리고 고타점 이샨텐으로 바꿉시다.

이처럼 🀇🀈🀉, 🀙🀚🀛처럼 두 개의 색으로 같은 숫자의 슌쯔를 만들 수 있을 것 같을 땐 또 하나의 색으로도 같은 조합을 만들 가능성이 있는 패를 남겨두는 게 삼색동순을 만드는 비결입니다.

 지금까지는 +2판의 신데렐라 패를 소개했습니다. 앞서 소개한 것보다 더욱 많은 타점이 올라가는 경우도 있습니다.

 이 손패에 있어 신데렐라 패는 오른쪽 끝에 혼자 있는 뜬패, 다음 순서에서 무심코 버릴 것 같은 패입니다. 현재 상황에선 리치만 있는 이샨텐이지만 패에 붙을 패이나 패 뽑으면 준찬타, 삼색동순의 이샨텐이 되어 타점은 단숨에 +5판. 1300점에서 12000점으로 대폭 상승하는 신데렐라 중의 신데렐라, 슈퍼 울트라 신데렐라라고 부를 수 있는 패입니다.

 이처럼 똑바로 나아가면 리치만 남는 패일 때 '신데렐라 패'의 효과는 절대적입니다. '타가가 리치를 선언하겠지만 타점이 높은 패가 있는 손패로 화료할 수 없겠군'이라고 생각하신 분은 부디 이런 타점 상승의 가능성을 숨긴 '신데렐라 패'를 찾아보세요.

제 **2** 장

울기의 기술

역패 「퐁!」의 세 가지 조건!

제2장에선 울기에 대해 자세히 설명하겠습니다. 울어서 화료하는 역 중에선 역패가 제일 먼저 떠오를 겁니다. 마작 역의 출현률 랭킹 중에서도 역패는 리치 다음으로 제2위. 40% 정도의 화료에 역패가 포함되어 있습니다.

역패는 '퐁'이라고 외치는 것만으로도 1판이 확정되는, 굉장히 알기 쉽고 노리기 쉬운 역입니다. 그렇다고 해서 2장을 가지고 있는 역패는 전부 '퐁'을 해도 될까요?

울긴 했으나 텐파이를 하기엔 아직 멀고 타점도 낮으며 안전패도 없습니다. 이런 상태로 타가가 리치를 선언하면 공격도 수비도 힘들어집니다.

이런 상황이 생기지 않도록 우선 역패를 퐁하는 것의 장점과 단점을 제대로 이해합시다.

■ 역패를 퐁할 때의 장점과 단점

역패는 퐁해서 손패가 진행되고 역도 확정되지만 무시할 수 없는 단점이 있습니다.

역패 퐁의 장점
- 1멘쯔가 완성된다
- 역이 붙기에 울어도 화료할 수 있다

역패 퐁의 단점

- 안전패를 2장 소비한다
- 멘젠 역이 붙지 않아 타점이 내려간다
- (달리 머리가 없는 경우)머리 후보가 사라져서 최종 모양이 단기 대기가 되기 쉽다

장점 쪽은 굉장히 이해하기 쉽죠. 역패 멘쯔가 완성되고 1판도 확정하기에 화료를 향해 한 걸음 앞으로 나아갈 수 있습니다.

그에 비해 단점 쪽은 의식하지 않으면 깨닫지 못할 수도 있습니다.

우선 역패는 패스(2장을 가지고 있는 역패의 3장째가 버려졌을 때 퐁을 하지 않는 것)함으로써 울지 않았던 2장의 패를 안전도가 높은 패로 가지고 있을 수 있습니다. 그 안전패를 잃는 게 첫 번째 단점입니다.

또한 울어서 리치와 핑후 등의 멘젠 역, 일발과 뒷도라등의 우발역이 붙지 않기 때문에 멘젠 상태보다 고타점을 만들기 어렵습니다.

마지막으로 2장 있는 역패를 머리로 쓸 수 없다는 점입니다.

예를 들어 이런 손패에서 [　]을 퐁하면 머리가 사라져서 유효패의 절반 이상의 최종형이 단기 대기가 됩니다. 물론 도중에 머리가 생기는 때도 있지만 '머리가 사라지는 울기는 단기 대기가 될 가능성이 높으니 속도가 그리 상승하진 않는다'라는 점도 생각해보세요.

이 장점의 효과와 단점의 측면을 제대로 이해하는 게 역패와 친하게 지내

는 첫걸음입니다.

그럼 결국 역패는 어떤 조건을 충족하면 퐁해도 괜찮을까요?

■ 울어도 되는 조건① 「울면 화료할 것 같아!」

첫 번째 조건은 '본인의 손패가 어느 정도 정리가 되고 화료할 것 같으면 운다'입니다. 구체적인 기준을 하나 말씀드리자면 '어느 정도(4개 이상) 블록이 완성되었고 머리가 있는 모양'입니다.

예를 들어 이런 패에선 첫 장째 백도 적극적으로 '퐁'을 합시다. 4블록이 모였다고 해도 우형 타쯔가 있어서 멘젠 상태로는 화료하기 힘들 것 같은 모양입니다. 퐁과 치로 속도를 올리는 효과가 특히 큰 손패라고 할 수 있습니다.

■ 울어도 되는 조건② 「울어도 어느 정도 높아!」

두 번째 조건은 '본인의 손패가 타점이 높으면 운다' 입니다. 구체적인 라인을 설정한다면 3판, 즉 역패, 도라2나 역패, 혼일색 등 3판을 바라볼 수 있을 때입니다.

울었을 땐 빨리 화료하면 좋겠지만 타가가 리치를 선언해서 싸우게 되는 경우도 자주 있습니다. 그럴 때 1000점짜리 손패로는 공격하는 리스크에 비해 얻는 게 적어서 힘든 공격을 하거나 손패를 버려야만 하는 경우도 많습니다. 하지만 본인에게 3900점 이상의 타점을 기대할 수 있는 손패가 있다면 화료했을 때의 대가가 크기에 되돌아올 리스크를 감수하더라도 억지로 밀어붙일 수 있습니다.

동1국 남가 3순 도라

이런 손패에선 3900점을 확정하고 만관이 될 가능성도 꽤 높습니다. 참고로 더블 동과 더블 남은 퐁하기만 해도 2판이 붙으니 도라가 1장 있으면 3판, 도라가 2장 이상 있거나 혼일색이거나 또이또이가 되면 만관이 됩니다. 통상적인 역패보다 타점을 만들기 쉬우니 도라나 다른 역 등을 함께 생각해서 중~고타점을 노리며 더욱 적극적으로 울기를 합시다.

■ 울어도 되는 조건③「운 후에도 안전!」

역패를 퐁한 후에도 손패에 안전도가 높은 패가 2장 이상 있을 땐 울었을 때의 단점 중 하나인 '안전패를 2장 소비한다'라는 부분이 경감되기에 다소 모양이 나빠도 울어도 된다고 판단할 수 있습니다.

여기에서 안전도가 높은 패란 자패 또이쯔와 안커, 친의 현물 등을 가리킵니다. 안전도가 높은 자패를 가지고 있음으로써 나중에 또이쯔나 혼일색을 목표로 하는 '긍정적 우회 타법'에 대해선 제1장에서도 소개했죠.

■ 세 가지 조건의 사용법!

세 가지 조건을 정리하면!
'빠르다!', '높다!', '안전!' 세 가지입니다.

한 개도 해당하지 않는다 → 울지 않는 게 무난
한 개가 해당한다 → 울어도 됨
두 개 이상 해당한다 → 우는 걸 추천!

이와 같은 기준으로 역패를 퐁하는 게 좋습니다. 한 개만 해당할 때 '울어
도 된다(울지 않아도 된다)'라고 말씀드린 이유는 속도를 중시해서 빠른 화
료를 목표로 하고 싶은 국면에선 우는 경우가 많고, 본인의 화료를 목표로
하기보다 안전패를 가지고 있음으로써 방총만큼은 피하고 싶다! 라는 장면
에선 울지 않는 경우가 많기 때문입니다. 이 조건을 생각한 후 울게 되면 역
패를 퐁한 후에 곤란한 상황이 줄어들 겁니다.

쿠이탕 판단은 엄격하게!

역패에 이어 출현 빈도가 높고 울어도 화료할 수 있는 역 중에 탕야오가 있습니다.

이 두 가지는 둘 다 멘젠, 부로를 묻지 않는 1판 역이라 비슷한 것 같지만 성질에 조금 차이가 있으며 노리는 방법과 장점, 단점도 다릅니다.

우선 탕야오라는 역이 가진 성질을 알아봅시다.

■ 탕야오의 장점

멘젠 리치 순서를 밟으면서 탕야오를 목표로 할 수 있다

이게 탕야오의 가장 큰 강점입니다. 처음부터 울기를 시야에 넣으면서 손패를 만들어 나가는 역패와 달리 손패를 혼자 만들어가는 동안 자연스럽게 2~8패가 늘어나서 탕야오가 되는 경우가 많습니다.

예를 들어 이런 타쯔 오버의 손패가 되었을 경우.

또이쯔 버리기를 하면 자연스럽게 탕야오로 이행할 수 있습니다.

역패 또이쯔가 없으면 노릴 수 없는 역패와 달리 여러 가지 손패가 탕야오가 될 가능성을 숨기고 있습니다

2~8의 패만을 사용해서 양형, 다면 대기를 만들기 쉽다

또 하나의 특징으로 과 같은 변짱 타쯔가 남지 않기 때문에

양면 대기와 다면 대기를 남기기 쉽습니다. 안쪽의 패라 붙이기가 쉽고 대기패의 종류도 많기에 ![패]이나 ![패] 등의 모양을 최종형으로 만들 수 있다면 화료 확률도 올라갑니다.

■ 탕야오의 단점

탕야오는 편리한 역이지만 단점도 존재합니다.

안전패를 가지면서 손패를 진행하기 힘들다

탕야오는 2~8의 수패만을 써서 화료하는 역입니다. 즉 텐파이 땐 손안에는 당연히 2~8 수패밖에 없고, 화료를 향해 손패를 만드는 과정에서도 역시 안쪽의 수패를 많이 가지게 됩니다.

따라서 손패의 안전도를 양립하면서 노리긴 힘든 역이라 타가가 리치를 선언했을 때 내리기, 대처가 굉장히 힘듭니다.

대기패와 타점을 읽히기 쉽다

쓸 수 있는 패가 2~8패밖에 없기에 만들 수 있는 대기도 2~8패의 양면, 간짱, 샤보, 단기 대기로 한정적입니다. 자패와 노두패 샤보와 변짱 대기의 가능성도 있는 역패와 비교하면 탕야오는 만들 수 있는 대기의 종류가 적기 때문에 상급자에게는 대기패를 읽히기 쉽다는 단점도 있습니다.

또한 도라가 자패, 노두패인 국에선 타가가 본 탕야오의 예상 타점은 크게 내려갑니다. 적도라가 없으면 1000점짜리 손패라는 사실을 읽겠죠. 고타점 멘젠 역을 가지고 있는 타가가 반격하면 리스크가 큰 싸움을 하는 수밖에 없는 때도 있습니다.

예를 들어 일반적인 인터넷 마작에 있어 탕야오의 출현율은 21%입니다만 M리그에 있어 탕야요의 출현율은 약 16%(M리그 비공식 속보 조사)밖에 되지 않습니다. 이건 수비형, 읽기에 뛰어난 사람이 많은 필드일수록 탕야오 화료가 힘들다는 것을 나타냅니다(그런데도 16%라는 건 충분히 높은 숫자라 그만큼 탕야오라는 역이 강하다는 뜻이기도 합니다).

양형 타쯔가 카타아가리 우형 타쯔가 된다

🀏은 탕야오가 붙지만 🀇은 역이 없어서 화료할 수 없는 대기를 카타아가리라고 부릅니다. 이런 양면 타쯔가 있을 땐 무리하게 탕야오를 목표로 하는 것보다 멘젠 리치와 병행하며 손패를 만들어서 탕야오가 확정되었을 때만 우는 게 좋습니다.

■ 쿠이탕의 울기 판단

역패를 퐁하는 기준으로 '높다', '화료할 수 있을 것 같다', '방어력이 있다' 중 하나를 만족한 상태에서 울기 판단을 하라고 말씀드렸습니다. 탕야오도 똑같지만, 역패와 달리 2~8의 수패만 남아있는 시점에 '방어력이 있다'를 충족하는 패가 될 일은 거의 없습니다.

따라서 쿠이탕을 향해 울기 시작할 땐 역패일 때보다 훨씬 신중한 판단을 요구합니다.

🀇🀈🀉🀙🀚🀛🀓🀔🀕🀝🀝🀄🀄 도라 🀇

예를 들어 🀄과 🀝이 또이쯔인 이런 모양에선 🀄을 퐁한 후에도 🀝의 또이쯔가 있기에 '방어력이 있다'의 기준을 충족해서 울 수 있습니다. 하지만 ![北][北][中][中] 부분을 ![七萬][七萬][發][發]으로 바꾼 손패의 경우엔 어떻게 할까요?

여기에서 ![發]을 퐁한 이샨텐은 손안에 안전하다고 할 수 있는 패가 한 장도 남지 않았습니다. 따라서 적도라도 도라도 없는 이 손패에선 울지 않길 권장합니다.

2~8의 수패밖에 없는 곳에서 쿠이탕을 목표로 울기 시작할 땐 타점이 높거나(도라2 이상이 기준) **화료할 수 있을 때**(운 시점에 호형이 남은 이샨텐)를 충족한 순간부터 울기를 추천합니다.

■ 자연스럽게 탕야오가 되었을 땐 적극적으로 이행하자

탕야오는 처음부터 '탕야오를 할 거야!'라고 마음먹고 우는 게 아니라 멘젠 리치 순서를 밟아가는 과정에서 자연스레 탕야오로 이행하는 때도 종종 있습니다.

예를 들어 5블록이 갖춰진 이 손패에 三萬을 쯔모했다면 만수패를 三萬四萬+六萬八萬 2블록으로 볼 수 있게 됩니다. 여기서부터는 北을 또이쯔 버리기를 하고 자연스레 탕야오를 하는 게 좋습니다. 이 경우 남은 또 하나의 北을 안전패로 가지고 있으면서 간짱 七萬부터 치를 해서 쿠이탕을 하는 것도 가능하니 '안전'하면서 '화료할 수 있을 것 같다'인 쿠이탕을 할 수 있습니다.

發 이나 발 을 버리면 이샨텐이 되지만 北을 또이쯔 버리기를 해서 탕야오를 하는 것도 추천합니다. 이대로 나아가면 간짱 發 이나 발 의 우형 텐파이가 되지만 北을 또이쯔 버리기를 하면 울기를 쓸 수 있게 되어 우형을 해소할 가능성이 올라갑니다.

잠시 머리가 없는 모양이 되겠지만 통수패와 삭수패의 연속형은 둘 다 금방 머리가 될 수 있을 것 같고, 한 장 남은 北은 안전패로 가지고 있으면서 진행하기에 '타점', '화료할 수 있다', '안전' 세 가지 조건을 충족합니다.

■ 쿠이탕 때 쓸 수 있는 테크닉

쿠이탕을 목표로 할 땐 멘젠 순서와는 다른 타패 선택이 효과적일 때도 있습니다. 아래는 둘 다 퐁한 후 뭘 버려야 할지 고르는 문제입니다.

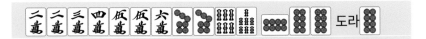

앞으로의 위험도를 중요시해서 을 버리면 🀛🀝 쯔모 시에 을 버리고 의 모양이 남아서 으로는 화료할 수 없는 카타아가리가 되며 후리텐이 될 위험성도 있습니다. 멘젠 상태라면 을 버리겠지만 탕야오를 목표로 할 땐 을 버리고 삭수패 멘쯔가 완성된 후 이어서 을 버려 의 텐파이를 노립시다.

을 버려도 을 버려도 탕야오 도라3의 텐파이 상태입니다. 멘젠이라면 이페코가 있기에 을 추천하지만 쿠이탕일 땐  쯔모로 미래에  으로 변화할 수 있으니 을 버립시다

「3부로」는 용법, 용량을 지키는 거다!

울기는 방어력이 떨어지기 때문에 싫다는 말을 자주 듣습니다. 퐁! 치! 퐁! 야호, 텐파이다! ……라고 기뻐한 순간 타가의 리치 선언!

갑자기 위험패를 가지고 있어서 곤란해…… 하는 경험이 있을지도 모릅니다.

확실히 이렇게 울었을 때 타가가 리치를 선언하면 리치와 정면 승부를 할 수도 없고, 그렇다고 해서 내릴 수도 없습니다.

동1국 남가 9순 도라 九萬

현물을 뽑아서 내리려고 해도 여기에서 한 번 무너지면 화료는 절망적입니다. 또한 한 턴을 넘겼다 하더라도 다음 턴 이후엔 안전패가 없기에 내리기도 힘듭니다. 그렇다고 해서 간짱 대기의 1000점짜리 역으로 리치에 대항하는 것도 무섭죠.

이런 식으로 손패가 짧아진 후 타가가 리치를 선언해서 공격도 수비도 곤란한 상황에 자주 빠지는 분은 텐파이하기 전의 울기 판단에 개선점이 있을지도 모릅니다.

■ 울면 울수록 방어력이 떨어진다

울어서 멘쯔를 보여주는 걸 부로(후로)라고 합니다. 부로에는 '멘쯔를 한 개 완성할 수 있다'라는 점과 맞바꿔 '멘젠 역으로 화료할 수 없다'와 '손패가 줄어들어서 방어력이 떨어진다'라는 두 가지 단점이 있습니다.

예를 들어 타가가 리치를 선언했을 때 남은 손패가 13장 있으면 손안에 현물과 자패, 스지패 등이 여러 장 남아있는 경우가 많아서 그중 가장 안전도가 높은 패를 고를 수 있습니다. 그에 비해 3부로를 하고 손패가 4장 남은 상태는 어떨까요? 애초에 고를 수 있는 패의 종류가 적고 현물뿐만 아니라 스지조차 한 장도 없는 경우가 대부분일 겁니다. 또한 만약 안전패가 있어서 한 턴을 무사히 넘겼다고 해도 유국까지 안전패를 계속 버려서 내리기도 힘듭니다. 이처럼 손패의 방어력이란 손패의 수와 크게 관련이 있습니다.

■ 3부로는 「내리지 않겠다는 선언!」

즉 3부로를 하면 그때부터는 내리기가 힘듭니다. 타가가 리치를 선언해도 많은 경우 '안전패가 없어서 내릴 수 없으니 공격하는 게 낫다'라고 판단하고 본인에게 필요 없는 패를 전부 버리게 됩니다. '3부로는 퇴로를 끊은 공격 특화 타법'이라는 사실을 기억합시다.

여기에서 중요한 점은 '3부로를 한 후에 타가가 리치를 선언하면 어떻게 해야 할까?'가 아니라 '타가가 리치를 선언해도 곤란하지 않은 모양이 되었을 때만 3부로를 한다!'라는 점입니다. 이게 3부로를 할 때의 기본적인 방침입니다.

■ 타가가 리치를 선언해도 곤란하지 않은 모양이란

'타가가 리치를 선언해도 곤란하지 않은 모양'이란 '리치와 맞서 싸울 수 있는 좋은 대기, 또는 고타점 텐파이'를 가리킵니다.

양면 대기라면 리치에 맞설 수 있다

우선 '리치와 맞서 싸울 수 있는 좋은 대기', 이건 양면 이상의 대기를 가리킵니다. 일반적으로 평균적인 자의 리치는 타점 : 약 6000점, 호형률 : 약 66%입니다.

본인의 대기가 개수가 충분히 남은 양면 대기라면 상대가 우형 텐파이일 확률이 30% 이상이라는 점을 고려해도 리치와 맞서 싸워도 이길 가능성이 충분히 있습니다. 낮은 타점으로 리치에 맞서 싸우는 건 부담스러울 수도 있지만 3부로를 하고 양면 대기의 텐파이라면 자신감을 가지고 밀어붙이세요.

3900점 이상이라면 공격의 리스크에 걸맞은 리턴이 있다

이어서 '리치와 맞서 싸울 수 있는 고타점', 이건 3판 이상입니다. 본인의 대기가 나빠도 타점이 역패, 도라2 등 3900점 이상이라면 리치를 선언한 타가의 리치봉 1000점을 더해서 화료했을 때의 수입은 4900점입니다. 이건 자의 리치의 평균 타점에 그럭저럭 가까워서 공격하는 리스크에 충분히 걸맞은 리턴이라고 할 수 있습니다.

■ 3부로해서 리치와 싸울 수 있는 패를 만드는 비결

리치와 싸울 수 있는 3부로는 '호형 텐파이' 또는 '3판 이상'이라는 걸 기억하신다면 이샨텐에서 울기의 기준도 바뀝니다.

우선 도라가 1장도 없는 1000점의 패에서 [ ]을 퐁한 경우.

상가가 [🀙]을 버리면 물론 치해서 텐파이를 하겠지만 [🀒🀓]은 3장까지 패스해서 내릴 여지를 남겨둬야 합니다.

이어서 도라를 퐁한 7700점의 패일 경우.

이쪽은 우형 텐파이가 되어도 리치와 충분히 싸울 수 있는 타점이 있으니 [🀙]도 [🀒🀓]도 치해서 텐파이하는 걸 추천합니다.

이처럼 타점이 높은 패는 우형 텐파이라도 괜찮습니다! 모든 타쯔로 울어도 괜찮지만 타점이 낮은 패로 울기를 할 땐 울 수 있는 타쯔를 일부러 무시하는, '우형부터 버리고 호형을 남겨둔다'라는 점을 의식하는 것도 중요합니다. 본인의 패를 만들어가는 것만이 아니라 '최종적인 대기가 호형이 될지'도 생각해서 울게 되면 울어서 손패가 적어졌을 때 타가가 리치를 선언해도 공수 때문에 힘들어하는 경우를 크게 줄일 수 있습니다.

「역패 back」을 쓰자!

 역패를 또이쯔로 가지고 있을 때 다른 멘쯔 부분부터 부로하고 나중에 역패를 커쯔로 만드는 전제로 우는 것을 '역패 back'이나 '역패 아토즈케'라고 부릅니다.

예를 들어 이런 이샨텐일 때 상가가 버린 ![2만]을 치하고 ![북]을 버린다면

![백]과 ![중]의 샤보 대기 텐파이가 되어 타가가 ![중]을 버리거나 스스로 쯔모를 하면 화료할 수 있습니다.

■ 「역패 back」의 특징

우선 역패 back의 장점과 단점에 대해 각각 알아봅시다.

역패 back의 장점
- 멘쯔 하나가 완성된다
- 안전도가 높은 역패 또이쯔를 가지고 있으면서 울 수 있다

역패 back의 단점

- 역패가 나오지 않으면 화료할 수 없다
- 멘젠 역이 붙지 않아서 타점이 내려간다

부로하는 데 동반하는 효과는 그 외에도 다양한 울기에서도 봐왔습니다만 역패 back은 '운 시점엔 역이 확정되지 않기에 역패가 나오지 않으면 화료할 수 없다'라는 게 특징입니다.

역패 back으로 울었을 때 마지막까지 역패를 울지 못하면 텐파이 모양은 '역패와 무언가의 샤보 대기'가 됩니다. 그러나 이 대기가 되면 역패가 아닌 쪽이 나와도 역이 없어서 화료할 수 없습니다. 또한 역패가 아닌 쪽의 대기 패를 쯔모하면 후리텐이 되어 이후엔 역패가 나와도 론을 할 수 없습니다.

게다가 카타아가리 텐파이가 되면 오름패는 최대 2장밖에 없습니다. 대기패 수가 적다는 건 타가와 싸우게 되었을 때 상황이 나쁜 경우가 많습니다.

이런 역패의 카타아가리 텐파이로 리치와 싸우는 건 하이 리스크 로우 리턴. 3부로째 울었을 땐 역이 확정되어 양면 대기가 남음, 혹은 고타점의 텐파이가 될 수 있도록 우는 게 좋습니다.

■「역패 back」사용 방법

그럼 구체적으로 어떤 패에서 역패 back으로 우는 게 좋을까요. 기준은
아래와 같습니다.

우형 타쯔가 해소된다

양형 타쯔는 멘젠 상태로도 완성하기 쉬우니 카타아가리가 될 리스크를
감수하면서까지 울 필요가 없습니다.

예를 들어 이런 손패는 四萬七萬이나 ⑥⑧을 울지 않아도 충분히 스스로
텐파이를 할 수 있습니다.

한편 이 손패는 七萬이 유일한 우형 타쯔로, 七萬을 울면 속도를 높이는 효
과가 큽니다. 또한 스스로 텐파이한다 해도 최종형이 변짱 七萬이 되는 경우
가 많습니다. 그럴 때 七萬이 이미 바닥에 많이 버려져 있다면 화료하기 힘
듭니다.

'끝까지 대기로 남기고 싶지 않은 우형 타쯔부터 운다=최종형이 호형 텐
파이가 될 확률이 올라간다'가 첫 번째 기준입니다. 또한 이 손패의 모양으
로도 ⑥⑧은 무시하고 스스로 쯔모해서 완성을 기대하는 게 좋습니다.

역패 이외에 머리 후보가 있고 5블록이 보인다

역패 back으로 울기 시작했다면 또이쯔 역패가 나왔을 때 기본적으로 바로 퐁을 해야 합니다.

예를 들어 이런 손패에서 우형이 해소된다고 해서 을 치한다면 다음으로 中을 울었을 땐 이런 모양이 됩니다.

中을 울었을 때 머리가 사라져서 최종형은 높은 확률로 단기 대기가 될 것 같습니다. 또한 中을 퐁해서 손패의 안전도도 단숨에 떨어졌습니다.
'어느 정도 모양이 갖춰진 5블록이 있을 것'에 더해 '역패 부분을 퐁해도 머리가 따로 있다'가 역패 back으로 울기 시작해도 되는 또 하나의 기준입니다.

타점이 있다

여기에서 ⚊삼블록을 우는 것을 말합니다. 이번엔 치를 해서 한 걸음 앞으로 나아가도 아직 손안에 우형 타쯔가 남아있는데요. 그래도 도라가 3장 있기에 만관 클래스의 타점을 기대할 수 있는 모양이 되었습니다. 화료 자체의 가치가 높은 패일 땐 우형 텐파이가 될 가능성이 있어도 더욱 적극적으로 역패 back을 노립시다.

손안에 안전패가 풍부하다

손안에 안전도가 높은 패, 예를 들어 자패 안커 등이 있으면 운 후에도 패의 안전도가 보증되기 때문에 부로 판단이 약간 치우칠 수 있습니다.

역패 back 울기 사용 방법을 한마디로 정리하자면 '멘젠으로 리치에 도착할 수 없을 만한 패일 때 화료 확률을 조금이라도 높인다'라는 것. 그 국의 흐름을 끊는 빠른 화료의 측면이 강한 테크닉입니다.

「4배 공격 찬스」를 놓치지 마라!

빠른 화료를 우선시해야 할지, 아니면 타점을 우선시해야 할지는 마작을 하면서 다양한 장면에서 만나는 영원한 선택지입니다.

'플레이 스타일이나 취향에 따라 다르다', '상황에 따라 다르다'라는 한 마디로 끝내면 간단하겠지만 하나의 방침이 되는 사고방식으로서 '4배 공격 찬스'를 전수하겠습니다.

'화료율과 타점, 어느 쪽을 선택할까?'라고 망설여지는 모양엔 흔히 이런 패가 있습니다.

🀛과 🀎을 퐁해서 텐파이가 된 상태.

🀛을 버리면 역패, 적도라1. 양면 대기 2000점의 텐파이입니다.

🀛을 버리면 역패, 또이또이, 적도라1. 샤보 대기 8000점의 텐파이입니다.

여기에서 🀛을 버리고 8000점 텐파이를 하는 게 '4배 타점 공격'의 기본적인 사고방식입니다.

'화료하기 쉬운 대기패를 두는 게 정답이 아닌가?'라고 생각하는 분이 계실지도 모릅니다. 확실히 양면 대기라면 본인의 대기패는 최대 8장, 그에 비해 샤보 대기는 최대 4장이라 보통 대기패의 수는 절반 정도입니다. 그러나 이 차이를 포함해서 고려해도 '4배의 타점'의 가치는 절대적입니다.

단순히 양면 대기를 할 때의 화료율이 샤보 대기를 했을 때의 2배라고 가정해도 '2번에 1번 화료할 수 있는 2000점'과 '4번에 1번 화료할 수 있는

8000점'은 대략적으로 후자의 경우가 2배, 양면 대기를 상회한다고 계산할 수 있습니다.

■「4배 공격 찬스」또이또이의 경우

4배 공격 찬스란 나중에 '타점이 4배가 된다≒2판이 상승하는 변화'의 기회를 놓치지 않는 것. 특히 2000점짜리 패에 혼일색과 또이또이가 붙어서 8000점이 되었을 때의 타점 상승은 굉장히 이익입니다. '울어도 만관이라니 정말 대단해!'라며 울기를 했을 땐 늘 의식하고, 만관이 될 만한 패는 그 가능성을 남겨두며 패를 만들어갑시다.

예를 들어 이런 4 또이쯔 배패가 들어오면 '역패, 적도라1이면 2000점이지만 또이또이가 붙으면 4배인 8000점이야!'라는 생각을 하고 가능성을 남겨두며 패를 만들어갑시다. 멘쯔의 유효패만 보면 二萬과 🎋을 버려야 가장 폭넓은 유효패가 생기겠지만 또이또이의 가능성을 지우지 않도록 여기에선 🎋을 버리고 역패를 퐁하면

이런 모양에서도 또이또이의 가능성을 남겨두고 六萬을 버리는 걸 추천합니다. 또이또이를 하려면 아직 또이쯔가 1장 부족한 상태이지만 三萬 🎴 🎋 네 종류의 패로 만관 량샨텐. 만관이 보일 땐 순간적인 유효패와 속도

만 보지 않고 고타점의 가능성을 남겨둡시다.

다만 이나  등을 뽑아서 또이또이가 무너지는 패가 만들어지면 순순히 역패, 적도라1의 2000점 화료를 목표로 합시다.

■「4배 공격 찬스」 혼일색의 경우

혼일색은 또이또이와 같이 울어도 2판이 되는 4배 공격의 단골 역입니다. 거기에 '역패'나 '도라1'이 있으면 단숨에 만관 클래스의 화료를 노릴 수 있습니다.

동1국 남가 도라

예를 들어 이런 배패가 들어오면 을 버려서 단숨에 통수패 혼일색을 노리는 게 '4배 공격 찬스'의 타법입니다. '우선 남과 서를 버리고 통수가 더 들어오면 혼일색을 하자'라는 타법은 무난해 보이지만 통수패 혼일색을 만들기에는 현재 상황에서 타쯔가 부족합니다. 자패 1종의 유효패도 허비하지 않고 전력으로 통수와 자패를 모은 '울어도 만관'이 목표입니다.

이런 고립 자패는 2장 있으면 도중에 무언가가 겹치는 경우가 꽤 있고, 게다가 타가에게 공격을 받았을 땐 내리는 재료로도 쓸 수 있는 공수 겸용 패이기도 합니다.

만수패와 삭수패를 다 버리고 8순 정도에 이런 모양이 되었다면 8000점 텐파이가 바로 눈앞에 있습니다.

■ 중요한 건 +2판

조금 전의 패를 혼일색으로 만드는 데 있어 중요한 점은 손안에 이미 '역패'와 '적도라1'이 확보되었다는 점입니다.

즉 이 손패에 있어 '4배 공격 찬스'란 배패 시점에 '역패, 적도라1의 2000점'과 '역패, 혼일색, 적도라1의 8000점'을 비교하고 후자를 선택하는 것입니다.

예를 들어 조금 전의 손패로 자패의 종류와 도라, 적도라유무를 바꿨을 경우.

동1국 남가 도라 🀌

자패, 통수패의 모양 자체는 똑같으니 혼일색이 되기 쉬운 건 변함없지만 '리치, 핑후, 도라1의 3900점'과 '혼일색 2000점'을 비교해야 합니다.

모처럼 수고를 들여서 만수패와 삭수패를 버리고 혼일색을 만들어도 타점이 올라가지 않습니다. 혼일색, 또이또이를 했을 땐 역패와 도라등 '다른 부분에서 +2판을 할 수 있는가'라는 점을 기준으로 효과적으로 타점을 올리는 '여기다!'하는 상황을 구별합시다.

이런 상황엔 울어서 텐파이를 거머쥐는 거다!

지금까지 빨리 울어서 화료하는 타법을 소개했는데요. 그 외에도 울기의 중요한 사용 방법이 있습니다.

그중 가장 중요한 게 '이샨텐부터는 울어서 텐파이를 하기 위해 운다'라는 점입니다. 예를 들어 이런 이샨텐.

三萬 四萬 🀙 🀙 🀚 🀝 🀝 🀣 🀣 🀣 🀣 🀃 🀃 北 도라 🀀

(여기에서 北 은 바닥에 3장이 버려진 안전패입니다)

三萬 伍萬 이나 🀝 🀝 을 치하면 탕야오 뿐이라 1000점짜리 텐파이를 할 수 있습니다. 이런 패일 때 대체로 몇 순부터 텐파이를 하는 게 좋을까요.

양면 대기가 2개 남아있어서 유효패도 넓고 멘젠 상태로도 충분히 텐파이를 할 수 있을 것 같습니다. 리치를 하게 되면 리치, 핑후, 탕야오로 최대 3900점부터. 일발 쯔모 뒷도라가 붙으면 만관, 하네만의 가능성도 있는 좋은 패입니다.

이런 패를 예를 들어 2순이나 3순부터 치를 해서 1000점 텐파이를 하는 건 타점을 높일 기회를 놓치는 셈이라 조금 아깝네요.

그렇다고 해서 유국까지 텐파이를 하지 못하면 화료는커녕 노텐 리치 벌점을 내야 하기 때문에 어딘가에선 멘젠 리치를 포기하고 치해서 텐파이를 하는 판단을 해야 합니다.

구체적인 기준은 대체로 바닥에 버려진 패가 3줄째에 들어갔을 때, 13순부터 치해서 텐파이를 하는 게 좋습니다.

또한 이 예시처럼 조금 전의 부분이 안커가 되어 텐파이해도 핑후가 붙지 않는 경우, 멘젠으로 텐파이했을 때의 역이 리치, 탕야오로 3900점에서 2,600점으로 내려가기 때문에 멘젠으로 열심히 역을 만들어도 타점적인 장점이 조금 내려갑니다.

그 경우엔 조금 일찍 치텐을 하기 위해 10순 정도부터 우는 걸 추천합니다.

탕야오, 핑후, 이페코 이샨텐의 경우는 어떨까요?

멘젠으로 마무리했을 때의 타점이 더욱 높으니 15순 정도까지 치텐을 하는 건 참는 게 좋습니다.

'핑후와 이페코 등 멘젠 역이 붙을 경우엔 멘젠 상태를 유지하는 기준이 올라간다'

'핑후와 이페코가 붙지 않는 경우엔 조금 일찍 치를 해서 텐파이를 한다'

를 구분합시다.

그럼 이 패는 어떨까요. 패의 모양 자체는 다르지 않지만 도라가 이 되고 이 있습니다. 이 패가 멘젠으로 텐파이까지 도착하면 리치, 핑후, 탕야오, 도라2, 적도라1로 하네만 확정! 엄청난 승부수의 이샨텐입니다.

하지만 이 패는 울어도 탕야오, 도라2, 적도라1의 8000점의 타점이 있습니다. 이런 패로 치를 패스한 결과 타가가 화료를 하면 '울었어야 했는데—!!'라고 후회할 겁니다.

울어도 4판이 되는 패는 그것만으로도 화료의 가치가 충분히 큽니다. 딱히 타점을 요구하지 않는 경우엔 3순 정도부터 적극적으로 울어서 화료율을 높입시다.

■ 우형이 남은 이샨텐일 때의 판단

간짱 三과 🀡🀡이 남은 이샨텐입니다. 이 경우엔 언제 치를 하는 게 좋을까요.

이런 패일 때에도 '우형을 없애고 호형을 남겨둔다'라는 사고방식이 효과적입니다. 양면 대기 텐파이를 하면 나중에 타가가 리치를 선언해도 자신감을 가지고 승부에 임할 수 있습니다.

즉 이 패의 우형 부분, 간짱 三 부분은 빨리 울어서 양형 텐파이를 합시다. 4순 정도부터가 안전합니다.

반대로 호형 부분, 🀡🀡 쪽은 통상적인 양면 2개의 이샨텐과 마찬가지로 바닥에 버려진 패가 3줄째, 13순 정도부터 우는 게 좋습니다.

'우형을 없애고 호형을 남긴다'라는 이야기의 연장선으로 호형 타쯔 부분이 거의 없을 때도 울기 판단이 바뀝니다.

예를 들어 二萬 伍萬 이 바닥에 이미 3장 버려져 있고 4장째 伍萬 이 버려졌습니다. 이런 伍萬 을 패스하면 二萬 伍萬 은 나머지 4장. 간짱과 같은 개수만 남기 때문에 실질적으로는 우형 타쯔와 같습니다. 양면 대기에 하나가 남은 이샨텐에서도 4장째 패가 버려지면 약한 대기가 최종형이 되지 않기 위해 치를 합시다.

양면 대기 2개의 이샨텐보다 더욱 유효패가 넓게 붙은 텐파이의 이샨텐의 경우 멘젠으로 텐파이할 확률이 더욱 올라가기에 치를 하는 타이밍도 13순보다 조금 느립니다. 운이 좋을 때에 대비하여 아슬아슬한 순간까지 만관을 목표로 15순 정도까지 기다리는 게 좋습니다.

■ 최종반엔 형식 텐파이를 노려라!

마지막으로 형식 텐파이를 하는 기준입니다.

만과 의 유효패가 남은 이샨텐입니다. 울면 역이 없어지기 때문에 화료할 수 없습니다. 멘젠으로 리치를 선언하고 화료하는 게 최선이지만 이 상태에서 유국을 하면 노텐 벌금을 내야만 합니다. 14순이나 15순의 남은 쯔모 횟수가 3번 정도일 땐 치를 고려해야 합니다.

쯔모가 앞으로 세 번밖에 남지 않으면 3순 동안 '이샨텐에서 텐파이할 패를 스스로 쯔모한다' → '오름패를 쯔모한다'라는, 그리 확률이 높지 않은 2단계의 추첨을 클리어해야만 합니다. 쯔모 회수가 앞으로 세 번 남았다면 화료를 포기하고 형식 텐파이를 하는 첫 번째 기준입니다.

또한 형식 텐파이는 화료를 할 수 없기에 텐파이를 했다고 해도 위험패를 뽑았을 땐 텐파이 상태를 무너뜨리고 내리거나 대처하는 판단도 중요합니다.

우선 '형식 텐파이에선 리치에 대해 방총이 될 가능성이 높은 패는 버리지 않는다'라는 것을 기억합시다.

이어서 실제로 위험패를 가지고 있을 때의 구체적인 타법에 관해 소개하겠습니다.

2순이 남은 상태에서 형식 텐파이를 해보았습니다만 타가의 리치 선언에 대해 지나가지 않은 패인 을 뽑았습니다. 현물은 과 그리고 가 있어서 충분히 내릴 수 있을 것 같습니다.

여기에서 이나 를 버리면 이샨텐을 유지하기 때문에 텐파이 부활의 가능성이 있습니다. 이럴 땐 어떤 걸 버리는 게 좋을까요.

🀇을 버릴 경우 🀇🀈🀉🀊🀋🀌🀍🀂 쯔모로 형식 텐파이를 부활할 수 있지만 텐파이했을 땐 연결되지 않은 🀈이나 🀋을 버리게 됩니다. 이건 형식 텐파이에서 리치에 대해 지나가지 않은 패를 버리게 되니 조금 위험한 선택입니다.

따라서 여기에선 🀂를 또이쯔 버리기를 하는 게 좋습니다. 텐파이 유효 패는 🀇🀈🀊🀋으로 조금 줄어들지만 지나가지 않은 패를 하나도 버리지 않고 형식 텐파이 부활의 가능성이 있습니다. '세트로 버릴 수 있는 타쯔를 찾는다'로 안전한 형식 텐파이의 가능성을 남겨둘 수 있습니다.

그 외에도 형식 텐파이를 유지하기 위해 쯔모 순서를 스킵하는 타법도 있습니다. 본인에게 쯔모가 돌아오지 않으면 애초에 위험패를 뽑을 리 없습니다.

🀇🀈🀉🀊🀋🀌 🀞🀟🀠🀡🀢🀣 🀙🀜🀝

(🀇은 공통 안전패)

간짱 🀠의 형식 텐파이를 만들었고 쯔모 차례는 앞으로 한 번. 위험패를 뽑지 않고 앞으로 한 턴을 넘길 수 있다면 텐파이 비용을 받을 수 있는 상황입니다. 이때 상가가 🀍을 버렸습니다.

이 🀍을 치하고 🀇을 버리면 쯔모 차례를 '스킵'해서 안전하게 텐파이를 할 수 있습니다. 통상적인 화료를 목표로 하려면 필요 없는 울기이지만 유국 직전에 어떻게 해서든 텐파이만은 유지하고 싶을 땐 굉장히 효과적입니다.

예를 들어 이런 패에서는 七萬뿐만 아니라 四萬을 四索五萬六萬의 모양으로 치하고 一萬(四索二萬三萬의 모양으로 울어서 一萬을 버리는 건 울러바꾸기라고 해서 많은 규칙에서 금지하고 있습니다), 二索을 치하고 一索, 四索을 퐁하고 一索 또는 四索 버리기, 三索을 변짱으로 치하고 六萬 버리기 등 다양한 패로 쯔모를 스킵하는 데 쓸 수 있습니다. 가능한 한 이미 지나간 패, 지나갈 것 같은 패만 버리면서 형식 텐파이를 유지하기 위해선 이런 울기도 활용합시다.

VTuber로 처음 데뷔한 무렵의 이야기

이 몸이 버추얼 YouTuber, 흔히 말하는 VTuber로 활동을 시작한 건 2018년 7월이었다.

VTuber가 되기 전엔 버추얼 타카오 산에 있는 마장에서 점원으로 일하고 있었다. 오전 7시 반에 일어나 서둘러 토스트를 먹으며 아침 준비를 하고, 오전 9시 전에 가게에 도착하면 그때부터 종일 마장 점원으로서 일했다. 가게 청소와 요리, 심부름, 카운터 관리 등으로 아주 바빴지. 그리고 뭐니뭐니해도 가장 많은 시간을 쓴 건 손님과의 마작이었던 것이다.

이 몸이 일한 가게는 흔히 말하는 '프리 마장'이라고 하는 가게. 마장에는 프리와 세트 두 가지가 있다. 세트란 손님 4명이 가게의 탁자를 빌리는 시스템. 프리는 손님이 혼자 마장에 와서 그 자리에 있던 다른 손님들과 같은 테이블을 쓰는 시스템이다.

그리고 프리 고객이 4명 모이지 않았을 땐 '앞으로 한 분이 더 올 때까지 기다려 주세요~!'라는 상황이 일어나지 않도록 점원이 '멤버'로 불려가는 경우가 있었다. 즉 손님이 4명이 되지 않을 땐 점원이 같이 탁자에 앉아 마작을 했던 것이다.

이런 일을 오전 9시부터 오후 21시까지 12시간! 계속 탁자에 앉는 날은 12시간 동안 계속 멤버로서 마작을 하는 때도 있었다. 이때의 경험이 현재 이 몸의 마작 대부분을 만들었다고 해도 과언이 아닐 거다.

또한 같이 일했던 아르바이트생 중에는 마작 경험이 거의 없는 학생 작사도 많았다. 그런 아이들에게 점수 계산과 패의 효율, 현실 마작의 관습 등을 가르친 경험이 지금의 영상과 집필 활동에 활용하고 있다. 바쁘긴 해도 좋아하는 마작만 생각하면 되는 환경은 충실하면서도 너무나 즐거웠던 것이다!

다만 마음속 어딘가에 이 몸의 마작을 더 많은 사람에게 보여주고 싶다, 많은 사람과 탁자에 앉고 싶다는 생각이 자리를 잡았다.

그런 생활이 몇 년 동안 이어지던 어느 날, 같은 마장 아르바이트생이 VTuber 영상을 보는 걸 발견한 것이다. 요자쿠라 타마 씨가 업로드한 그 영상은 인터넷 마작 '천봉'의 실황 플레이였다. 버추얼 YouTuber라는 문화는 최신 게임과 애니메이션처럼 젊은 사람들의 문화로, 나와 같은 늙은이에겐 멀게 느껴졌던 그 존재가 단숨에 가깝게 다가온 사건이었던 것이다.

길가의 돌멩이만큼 흔한 마작사였던 이 몸도 VTuber가 되면 이렇게 많은 사람에게 마작을 보여주고 전 세계 사람과 같은 탁자에 앉을 수 있을지도 몰라! 그렇게 생각한 이 몸은 바로 VTuber가 되는 방법을 조사했던 것이다!

마침 그 무렵, 2018년 상반기는 VTuber의 여명기. 수많은 동지가 매일 몇십 명 데뷔하고 편리한 관련 서비스와 기계도 줄줄이 탄생하던 시기였다. 마장에서 일하며 컴퓨터를 공부하고, 갓 나온 애플리케이션 'V카츠'와 WindowsMR 헤드셋을 이리저리 찾아서 사고, 3개월 후엔 VTuber 데뷔! ……했으나 처음엔 영상을 올려도 시청자가 거의 없는 나날이 이어졌다.

당시엔 '작혼'도 릴리즈하지 않은 시기라 VTuber 사이에서도 마작은 마니악한 장르였다. 라이브 방송 시청자 수가 1~3명을 오가는 걸 곁눈질로 보면서 매일 영상을 업로드하는 한편 영상 외에도 매일 발성 연습을 하거나 인터넷 마작 '천봉'의 등급전을 했다.

그리고 VTuber 활동에 시간과 체력을 더 쓰고 싶어서 데뷔 3개월 후인 2018년 10월엔 오랜 시간 근무했던 직장을 그만두고 쓸 수 있는 시간을 전부 활동에 소비하게 되었던 것이다. 당연히 영상 수익화는 되지 않았고 다른 수입도 없는데! 마장 일을 하면서 저축했던 돈을 다 쓰면 다시 가게에 복귀할 생각이었다고 해도 지금 돌이켜보면 인생 최대의 젠츳파를 했다고 생각한다(아마 부모님은 이걸 읽고 기절하시겠지).

그 후 활동을 계속함에 따라 점점 마작을 취미로 하는 개인 VTuber와의 인연이 늘어났고(지금도 가끔 컬래버레이션을 하는 카모가미 뉴우 공도 이때부터 알게 되었다), '천봉'에서 7단 승단을 해서 최상위의 봉황탁에서 마작을 하게 되어 천봉 관련분들도 영상을 보러 와주시게 되면서 조금씩 교류의 폭이 넓어졌던 것이다.

이 몸에게 있어 최고의 전환기가 된 사건은 마작 애플리케이션 '작혼' 릴리즈와 니지산지 마작배 개최였다. 작혼은 릴리즈 직후부터 전 VTuber를 대상으로 한 공식 대회를 개최했다. 초기부터 작혼을 하고 랭킹 상위에 있던 이 몸은 운 좋게 출장 기회를 거머쥐게 되었고 수많은 시청자와 기업 VTuber들에게도 존재를 알리게 되었다.

그 후 일본에서 3번째(VTuber 중에선 가장 빨리)로 최고위 등급인 '혼천'에 도달했고, 거대 VTuber 그룹 니지산지가 주최하는 대규모 마작 대회 개최가 예고되었다. 수많은 유명 스트리머들이 대회를 위해 실력을 갈고닦기 시작하는 중 당시 채널 구독자 수가 2,000명을 갓 넘었던 이 몸은 니지산지 소속 스트리머인 시부야 하지메 공에게 마작 교실 컬래버레이션 제안을 받은 것이다.

마장에서 일했던 무렵 아르바이트생들에게 마작을 가르쳐주던 경험을 총동원하여 임한 이 컬래버레이션이 감사하게도 굉장한 호평을 받아 하룻밤 사이에 구독자 수가 4배로 늘어나는 사태가 일어났다. 게다가 시부야 하지메 공이 다음해 니지산지 마작배에서 우승하게 되어 그를 가르친 이 몸도 주목을 받게 되었느니라.

지금은 이렇게 서적을 쓸 만큼 성장하게 되었어도 여기에 이르기까지의 길은 정말 수많은 분과의 만남과 기적적인 행운 덕분이라고 생각한다.

지금까지 이 몸을 키워주고 지켜봐 준 분들께 대한 감사의 마음을 잊지 않고 앞으로도 정말 좋아하는 마작의 즐거움을 전해서 은혜를 갚고 싶구나!

제 **3** 장

공수 판단 기술

가치 있는 손패의 텐파이는 똑바로 공격하는 거다!

제1장, 제2장에선 주로 화료를 목표로 하는 기술에 대해 배웠습니다. 그 기술을 최대한으로 활용하기 위해선 '공수 판단'이 중요합니다. '공격'은 방총 가능성을 고려하지 않고 본인의 화료를 목표로 하는 것, '수비'는 방총을 피하기 위해 본인의 패를 무너뜨리면서라도 안전한 패를 버리는 것을 가리킵니다. 화료를 향해 전진하니까 '공격', 화료에서 후퇴해서라도 안전한 선택을 하는 게 '수비'라는 이미지를 떠올리면 외우기 쉬울 겁니다.

이 공수 판단이 왜 중요한 걸까요?

마작의 1국은 치킨 레이스 같은 부분이 있습니다. 국의 처음엔 4명 모두가 화료를 향해 공격하지만 화료에 도착할 수 있는 건 한 사람뿐입니다. 그리고 화료를 향해 공격하는 과정에선 반드시 방총의 리스크를 감수해야 합니다. 따라서 국의 도중에 '이 국에선 화료가 불가능할 것 같아!'라고 판단한 사람부터 방총당할 리스크를 감수하지 않으려고 승부에서 물러나게 됩니다.

숙련자는 이 '공격'에서 '수비'로 바로 바꾸는 타이밍을 굉장히 잘 파악합니다. 마작은 아무리 열심히 해도 대체로 4번에 1번밖에 화료할 수 없습니다. 이 화료할 수 없는 국을 정확하게 판단하고 수비해야만 하는 상황에서 확실하게 수비하여 불필요한 방총을 피하는 게 수비의 기본입니다.

■ 기본은 「텐파이라면 공격, 량샨텐 이하는 내리기」

'타가가 리치를 선언했을 때'의 공수 판단은 성적과 직결되는 문제입니다.

이때 공격할지 물러날지를 정하는 가장 중요한 요소는 '본인이 얼마나 화료할 수 있을 것인가'입니다.

앞으로 공수 판단에 대해 배울 분은 '텐파이라면 공격, 량샨텐 이하는 내리기(수비)'라는 기준을 실천해봅시다.

동1국 남가 7순 도라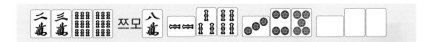

예를 들어 이런 2000점 텐파이 상황에서 타가가 리치를 선언한 직후 일발 순서에 바닥에 버려지지 않은 八萬을 뽑은 상황. 그러나 여기에서 八萬을 버리는 게 날카로운 '공격'입니다. 본인이 텐파이 상태라면 위험패를 뽑아도 두려워하지 말고 밀고 나갑시다! 양면 대기 텐파이라면 상대의 리치와 싸워도 이길 가능성이 충분히 높고, 상대의 리치봉도 포함하여 화료했을 때의 수입도 3000점으로 늘어납니다.

그에 비해 이 손패의 경우엔 어떨까요.

동1국 남가 7순 도라

이번에도 타가가 리치를 선언하고 8만을 뽑았는데요. 본인의 손패는 량샨텐입니다. 우형 타쯔도 남아있고, 솔직히 속도에서 뒤처질 겁니다. 이런 손패에서 공격하는 건 하이 리스크 로우 리턴으로 약간 무모한 공격이라고 할 수 있습니다. 현물패를 버려서 확실히 베타오리를 하는 편이 좋습니다.

■ 무사히 지나갈 수 있는지보다 손패에 어울리는지 확인하기

공격, 수비를 생각하는 데 있어 중요한 점은 '리치 후 일발 순서에 뽑은 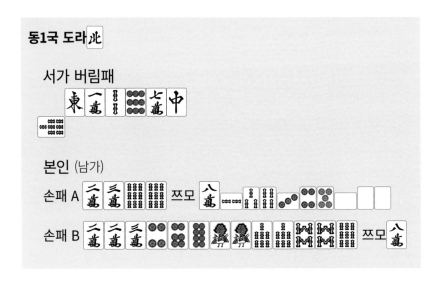이 무사히 지나갈 수 있는지'보다 '본인의 손패에 공격할 가치가 있는지' 를 봐야 합니다.

조금 전의 손패에 리치를 선언한 타가의 버림패를 더한 그림입니다. 리치 를 선언한 타가의 버림패를 자세히 보면 5순에 七萬을 버렸습니다. 버림패를 읽는 지식이 다소 있는 사람에겐 7만의 바깥쪽인 八萬은 어쩐지 지나갈 수 있을 것처럼 보여서 후자의 손패에서도 八萬을 버리고 싶을지도 모릅니다.

그러나 본인의 손패가 아직 완성되지 않았고, 화료가 힘들다고 판단한다 면 八萬조차 버리지 않고 현물만 버려서 베타오리를 하는 게 이상적인 '수비' 입니다. 이 八萬을 지나간다 해도 아직 본인의 손패 모양이 나쁘고, 또한 八萬

으로 방총당할 가능성도 0은 아닙니다. 혹은 리치를 선언한 타가가 3순에 을 버렸으니 도 비교적 지나갈 수 있을 것처럼 보일지도 모릅니다. 이 역시 버리고 지나간다 해도 앞으로 화료를 하기엔 힘든 손패입니다. 이 무사하다는 보증도 없으니 장난삼아 방총의 리스크를 감수하는 것뿐입니다. 현물이 여러 장 있는 이 손패에서는 도 버리지 않고 확실하게 내리는 게 좋습니다.

반대로 5순의 이 없어도, 혹은 리치 후 첫 턴에 뽑은 패가 더 위험해 보이는 패라도 본인이 이미 텐파이를 했고 충분히 화료할 수 있을 것 같다면 위험패로도 ‘공격’을 하는 게 승리에 가까운 선택입니다.

손패 A에서 을 뽑은 경우엔 어떨까요.

을 버리면 간짱 텐파이, 을 버리면 의 텐파이를 할 수 있는 상태에서도 을 버려서 양면 대기 텐파이를 유지하는 게 더욱 좋은 선택입니다. 양면 대기와 간짱 대기는 화료율에 큰 차이가 있습니다. 을 버려서 방총의 리스크를 약간 회피했다 하더라도 그 후 화료를 놓칠 가능성이 더 높기 때문에 장기적으로 보면 손해를 보는 선택지입니다. 공격할 땐 본인의 화료를 최대한 우선시해서 용기를 내어 밀어붙입시다.

■ 「좋은 공격」에서 방총은 「좋은 방총」

다른 플레이어에게 쏘이는 걸 방총이라고 합니다. 마작을 하면서 방총을 좋아하는 분은 없을 겁니다. 방총당하면 본인의 점수가 줄어들고, 심각한 방총은 4등을 하는 데 큰 원인이 됩니다.

하지만 프로와 인터넷 마작의 강자의 성적을 봐도 방총률 0%의 강자는 절대로 없습니다. 아무리 뛰어난 작사라도 10% 전후는 방총당합니다. 그렇다고 해서 그 10% 전후의 방총률이 전부 실수는 아닙니다.

실제로 방총률 0%를 목표로 하려면 예를 들어 이런 마작을 할 수밖에 없습니다.

동1국 남가 도라

'타가가 추격 리치를 선언하면 베타오리할 수 있게 다마텐을 하자……'

동1국 남가 도라

'다마텐을 했지만 리치 일발 순서에 한 번도 버려지지 않은 ☐ 뽑았어! 방총당할지도 모르니까 中을 안커 버리기를 해서 베타오리를 하자……'

방총을 전혀 하지 않는 마작이란 '리치는 리스크를 동반하니 일절 선언하지 않는다', '상대의 리치에 대해 위험패는 하나도 버리지 않는다'라는 식의 마작입니다. 즉 싸움은 일절 참여하지 않고, 그런데도 현물이 없어서 베타오리에 실패할 가능성이 0은 아닙니다.

조금 전 소개한 두 가지 손패는 방총의 리스크를 감수하면서도 '공격'을 선택해야 합니다. 높은 확률로 화료할 수 있고, 운 나쁘게 방총이 되어도 그건 받아들여야만 하는 '좋은 방총'입니다.

방총에는 좋은 방총과 나쁜 방총이 있습니다. 강한 작사는 이 '좋은 방총'의 비율이 굉장히 높습니다. 즉 마작에서 좋은 성적을 내기 위해 중요한 건 방총을 당하지 않는 게 아닙니다. 방총의 리스크가 있어도 유리한 싸움에는 적극적으로 참여하는 게 중요합니다.

'유리한 추첨'이란 대기가 좋고 타점이 높은 패를 텐파이하면 선제 리치를 선언하거나 상대의 리치에 대해서도 내리지 않고 공격하는 것입니다.

올바른 공수 판단의 결과로 방총을 당할 때도 가끔 있겠지만 '좋은 방총'을 과도하게 후회하거나 풀이 죽을 필요는 없습니다. 가슴을 펴고 당당하게 점수를 내어주는 게 멋진 작사라고 생각합니다.

'좋은 방총'에 비해 '수비' 판단을 해야 하는 상황에서 공격하거나, 더 안전한 패가 있는데도 베타오리에 실패하는 방총은 '나쁜 방총'입니다.

나쁜 방총은 공수 판단에 완급을 주는 것과 안전패 찾기 테크닉을 익히면서 점점 줄일 수 있습니다.

이런 울기는 「리치와 마찬가지」다!

수비할 때 더 안전한 패가 있는데도 불구하고 '모양을 유지하고 싶고, 어쩐지 지나갈 수 있을 것 같아서……'라는 생각으로 패를 골라 버리는 상황은 마작에 익숙해지면 언젠가 찾아올 만한 선택입니다.

그러나 이건 기본적으로 손해를 보는 행위입니다. 상대는 텐파이를 했고 오름패가 나오면 바로 화료를 하는데, 이쪽은 아직 화료를 하기엔 여러 장의 유효패를 뽑아야만 합니다. 게다가 그동안 상대의 오름패를 버리면 방총을 당합니다.

한 번 한 번의 방총 확률은 그리 높지 않아도 반드시 몇 번에 한 번은 방총을 당해서 장기적으로 보면 성적이 크게 떨어지죠. 상대만 텐파이를 한 상태에서 공격하는 건 본인은 무기를 가지지 않은 상황에서 장비를 전부 장착한 상대에게 싸움을 거는 것과 마찬가지입니다. 가능한 한 피해야만 하는상황입니다. 이런 상황을 피하기 위해서 량샨텐 이하의 손패일 때 타가가 리치를 선언하면 확실하게 '수비' 판단, 즉 베타오리를 합시다.

또한 타가가 리치를 선언했을 때 이외에도 다음과 같은 상황에선 리치와 마찬가지로 경계할 필요가 있습니다.

(본인이 텐파이하지 못한 상태에서)
- **3부로 한 사람이 있다**
- **3판 이상의 울기를 한 사람이 있다**

3부로한 상대는 100%는 아니더라도 높은 확률로 텐파이 상태이니 역시 본인이 화료에서 먼(량샨텐 이하) 상황이나 이샨텐이라도 점수가 적은 경우엔 브레이크를 밟는 게 무난합니다. 다만 리치와 비교해서 타점과 대기를 읽을 수 있는 경우도 많으니 경계도는 리치보다도 약간 낮습니다.

도라를 퐁하거나 적도라, 적도라, 도라를 포함한 울기, 더블 동, 도라1을 포함한 울기 등 3판 이상이 보이는 울기를 한 사람이 있는 경우에도 경계해야 합니다. 텐파이의 가능성은 위의 두 가지와 비교해서 낮지만 방총당했을 때 고타점이 확정되기 때문에 무의미한 '공격'은 치명상이 될 수 있습니다. 역시 량샨텐 이하일 땐 '수비'의 중요한 조건입니다.

동1국 남가 12순 도라

예를 들어 본인이 이런 손패일 때 도라퐁과 3부로를 한 사람이 있는 상황을 상상해봅시다.

누구에게도 공격이 들어오지 않은 상황이라면 일기통관이 보이는 그럭저럭 괜찮은 패이지만 이번에 소개한 위험도가 높은 울기를 한 사람이 있다면 타가가 리치를 선언했을 때와 마찬가지로 '수비' 판단을 하는 게 좋습니다.

패의 안전도를 아는 거다!

　량샨텐 이하의 손패로 타가가 리치를 선언했을 땐 '수비'! 손패를 무너뜨려서라도 방총당하지 않도록 베타오리를 하라고 말씀드렸습니다. '베타오리'는 수수해 보일지도 모르겠지만 본인의 실력을 보여줄 수 있는 자리이기도 합니다. 마작은 4인이 하는 게임이라 본인이 화료할 확률은 대체로 4국에 1번 정도입니다. '공격'을 하는 국도 3번에 1번 정도입니다. 나머지 2/3은 '수비'의 국을 얼마나 방총당하지 않는지에 따라 큰 실력 차이가 드러납니다.

　'베타오리'란 '본인의 손패 중에서 매 턴마다 가장 안전한 패를 고르는 작업'입니다. 이 작업을 한정된 손패와 시간 속에서 정확하고 냉정하게 고르는 것이야말로 강자의 조건입니다.

안전도가 높은 패의 순위를 매기면 다음과 같습니다.

S급 : 현물
A급 : 자패, 스지의 1, 9패, 노찬스 패(후술)
B급 : 스지, 중스지인 2, 8패
C급 : 스지 3, 7패, 안전 구역, 원찬스 패
D급 : 그 이외의 수패

베타오리를 할 땐 이 표에서 가장 순위가 높은 패를 골라 버립시다.

■ 안전도가 높은 스지패

스지패란 양면 대기를 구성하는 두 장의 패의 조합입니다. 1-4, 2-5, 3-6, 4-7, 5-8, 6-9 여섯 종류의 스지가 만수패, 통수패, 삭수패에 각각 존재하며, 전부 합해서 18가지의 스지가 있습니다. 예를 들어 🀍이 지나간 리치라면 그 리치는 🀋-🀍과 🀍-🀏 두 종류의 양면 대기일 가능성이 사라지기에 🀋과 🀏의 안전도가 D에서 B급으로 상승합니다.

또한 같은 순위의 패 중에서도 사소한 차이가 있습니다. 예를 들어 자패는 '본인의 눈에 보이는 장수가 많은 쪽이 안전도가 높다'. 스지패 2~8 중에선 '스지패 2~8 중에서도 2, 8 패는 3, 7 패보다 안전도가 높다'라고 할 수 있습니다.

마작에 있어 '안전도가 높은 패'란 '그 패를 포함하여 해당하는 역이 적은 패'를 가리킵니다.

예를 들어 바닥에 3장이 나온 자패는 국사무쌍 이외엔 해당하는 역이 없어서 굉장히 안전도가 높은 패입니다. 바닥에 2장 나온 자패는 국사무쌍에 단기 대기에 해당할 가능성도 있지만, 그래도 상당히 안전한 패입니다. 생패나 1장밖에 보이지 않는 자패는 그에 더해 샤보 대기에도 해당할 가능성이 있어서 위험도가 약간 높습니다.

이건 스지패도 마찬가지입니다. 예를 들어 리치에서 6이 지나갔을 때의 9, 4가 지나갔을 때의 1은 단기, 샤보 대기 두 가지 패턴만 해당하기에 스지패 중에서는 가장 안전도가 높은 패입니다.

5가 지나갔을 때의 2, 8은 단기, 샤보 대기에 간짱 대기를 더한 세 가지 패턴에 해당할 가능성이 있기에 1, 9보다 약간 위험도가 높습니다.

4가 지나갔을 때의 7, 6이 지나갔을 때의 3은 단기, 샤보, 간짱 대기에 더해서 변짱 대기에도 해당하기 때문에 양면 대기를 빼도 네 가지 패턴의 대기에 방총당할 가능성이 있습니다. 스지패 중에선 가장 해당하는 패턴이 많은 수패입니다.

또한 나카스지, 예를 들어 2, 8이 지나갔을 때의 5는 간짱, 샤보, 단기 대기 세 가지 패턴에 해당하기 때문에 대체로 스지의 2, 8과 똑같은 위험도로 판단할 수 있습니다.

게다가 같은 패가 3장 이상 보이는 경우엔 샤보 대기엔 해당하지 않는 걸 알 수 있으니 방총당할 패턴이 한 가지 줄어들어서 안전도가 올라갑니다.

이처럼 스지패 중에서도 안전도엔 분명한 차이가 있습니다. 이 작은 차이를 놓치지 않고 매번 가장 안전한 패를 골라서 수비해야만 하는 상황에서의 방총률을 크게 줄일 수 있습니다.

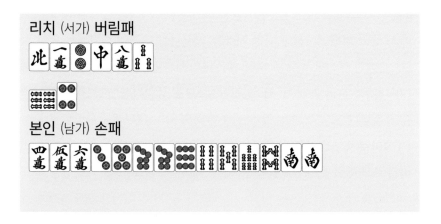

예를 들어 이런 상황일 때. 우선 본인의 손패는 량샨텐이라 화료를 생각하지 않고 가장 안전한 패를 버립니다.

후보로는 자패인 南과 스지패인 🀡이 있습니다만, 위에 설명한 대로 🀡은 C급, 南은 A급이라 南을 버립시다.

또한 같은 안전도 순위의 패가 여러 개 있어서 그중 하나를 골라야만 할 때 '본인의 손패 중 2장 이상 있는 쪽'을 버리는 게 내리기의 기본입니다. 이건 '한 턴을 넘어갈 수 있다면 같은 패를 계속 버려서 다음 턴을 안전하게 통과할 수 있는 만큼 안전하다'라는 사고방식에 기반한 선택입니다.

예를 들어 이런 상황.

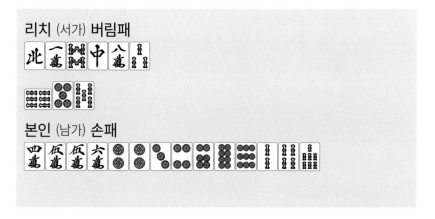

이 경우 2삭 세 종류가 B급인데요. 을 버립시다. 과 을 버렸을 경우 지나간다 해도 다음엔 또 다른 패를 골라서 버려야만 하기에 그만큼 방총률이 올라갑니다. 베타오리를 할 땐 가능한 한 여러 장 있는 패를 버려서 방총당할지도 모르는 선택을 하는 횟수를 줄입시다.

안전한 스지와 위험한 스지를 구분하는 거다!

안전도가 높은 패를 찾는 방법에 대해 다양한 기술을 이야기했습니다. 그 중에서도 '스지패'는 실전에서도 다양한 상황에서 사용하는 테크닉입니다. 스지란 양면 대기에 해당하지 않는 패를 찾는 기술, 리치의 약 70%는 양면 대기라 스지패는 현물과 자패, 노찬스패에 이어 안전한 패입니다.

하지만 그렇다고 해서 모든 스지패의 안전도가 똑같진 않습니다. 여러 장 가지고 있는 스지패 중에서 하나를 골라야만 하는 상황은 실전에서도 흔히 발생합니다. 그럴 때 '안전도가 높은 스지'를 구분하는 비결을 배워봅시다.

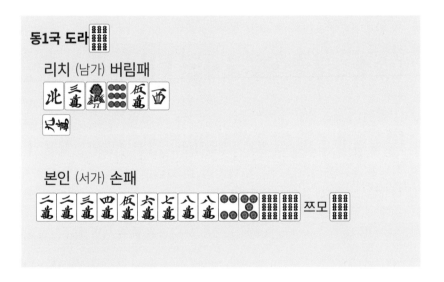

상가가 리치를 선언했습니다만 본인도 도라3의 손패를 텐파이했습니다. 이대로는 역이 없으니 스지인 이나 을 버리고 추격 리치를 선언하고 싶습니다. 둘 중 하나를 버려도 같은 을 뽑아야 텐파이를 하지만 방총을 당하면 본전도 못 찾으니 더욱 안전한 패를 버리고 싶습니다. 그런데

🀛과 🀙 중 어떤 게 더 안전할까요?

■ 스지패가 역에 해당하는 건 우형 대기뿐!

스지패가 비교적 안전한 이유는 양면 대기에 해당하지 않기 때문입니다. 반대로 말하자면 스지패는 '간짱이나 변짱', '샤보', '단기' 세 가지 패턴의 우형 대기 중 하나입니다.

상가의 버림패를 보면 2순에 🀛을 버리고, 리치 선언패는 🀘입니다. 이 건 🀛과 🀙의 위험도가 크게 영향을 미칩니다.

이 버림패에 만약 🀛이 해당할 경우
• **간짱**
2순에 🀙🀚🀛의 모양에서 갑자기 🀛을 버려 간짱을 고정하게 되니 부자연스러운 순서. 거의 아닐 듯.

• **샤보**
똑같이 2순에 🀛🀛🀛의 모양에서 🀛을 버려 또이쯔 고정을 했을 테니 부자연스러운 순서! 이것도 아닐 듯.

• **단기**
2순에 🀛🀛에서 🀛만 버려 🀙을 뜬패로 남겨둔 채 리치를 선언하게 되니 역시 부자연스러움. 굳이 말하자면 치또이로 가장 먼저 고정했거나 나오기 쉬운 단기를 찾아서 도중에 버린 상황 뿐.

그에 비해 이 버림패에 🀙이 해당한다면 아래의 경우가 있습니다.

• 간짱

[七萬][九萬][九萬]의 모양을 텐파이까지 가지고 있고, [九萬]을 리치 선언패로 버려서 간짱 대기로 만든 경우. 자연스러운 순서로 충분히 가능함!

• 샤보

[八萬][八萬][九萬]의 모양을 텐파이까지 가지고 있다가 [九萬]을 리치 선언패로 버리고 샤보 대기를 한 경우. 이 역시 자연스러운 순서로 충분히 가능함!

• 단기

머리가 없는 상태로 진행하다 [八萬][九萬]에서 [九萬]을 버린 경우나 그 복합계인 [六萬][六萬][六萬][八萬][九萬]에서 [九萬]을 버리고 [七萬][八萬] 대기를 한 경우. 충분히 가능함!

하나씩 나열해보면 일목요연! [七萬]이 우형 대기에 해당하는 건 패를 좁히면서 손패를 만든 경우뿐인 데 비해 [八萬]이 우형 대기에 해당하는 건 자연스러운 손패 진행을 한 경우도 꽤 많습니다.

따라서 '[七萬]이 [八萬]보다 안전도가 높다'라고 할 수 있습니다.

■ 같은 스지패인데 왜 안전도에 차이가 생길까?

이 [七萬]과 [八萬]에서 안전도의 차이가 생기는 이유는 마작의 기본이 '되도록 좋은 대기를 만들고 리치를 선언하는 것'이기 때문입니다. 그리고 대전 상대들도 좋은 대기를 만들기 위해 강한 모양엔 지원패를 남겨두며 손패를 진행합니다.

다른 말로 바꿔 말하며 다음과 같습니다.

'리치 선언패(이번 경우엔 [九萬])가 우형 타쯔를 지원하는 모양([八萬][八萬][九萬]이나 [七萬][九萬][九萬] 같은 모양)을 구성하는 패일 경우 리치 선언패 주위는 우형 타쯔로 남겨뒀을 가능성이 높고 스지패로도 방총률이 높다'.

'이른 순에서 우형 복합 타쯔의 1장을 버리고 간짱이나 변짱, 샤보 대기의 모양을 고정하는 것은 순서로서 부자연스러우니 초반에 버린 패가 관련패인 우형 대기가 남아있을 가능성이 낮다'라고 생각할 수 있습니다.

'리치 선언패가 관련한 우형 대기일 가능성이 높고, 초반에 버린 패일수록 관련한 우형 대기의 가능성이 낮다'라고 생각하면 베타오리의 정밀도가 올라가는 동시에 스지패 중 하나를 버리고 추격 리치를 선언하고 싶은 상황의 타패 선택에도 도움이 됩니다.

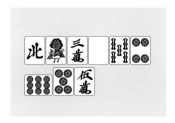

이 버림패라면 리치 선언패 주위의 과 은 스지 중에서도 위험하고, 반대로 초반에 버린 과 주변은 우형 대기가 남아있을 가능성이 낮아서 스지패인 과 은 굉장히 안전하다고 할 수 있습니다. 리치 전의 버림패에 관련패가 없는 스지패는 그다지 힌트가 되지 않으니 조금 전의 안전도 순위를 참고하여 결정하는 게 좋습니다.

알아두면 좋은 「벽」과 「안전 구역」

베타오리를 하려고 해도 현물과 자패, 스지가 아무것도 없다! 라는 상황이 반드시 찾아옵니다. 그럴 때 쓸 수 있는 '비교적 안전도가 높은 패를 찾는 방법'을 소개하겠습니다.

우선 '벽'이라는 안전패 찾기를 알아봅시다.

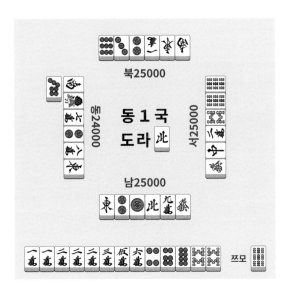

갑자기 친이 리치를 선언했습니다. 내리고 싶어도 현물이 없는 상황입니다. 현물도 스지도 없지만 본인의 손패와 타가의 버림패를 잘 보면 1만이 3장, 2만이 4장 보입니다. 즉 1만은 단기 대기 한 가지 패턴밖에 없고, 3장이 버려진 자패와 안전도가 같습니다. 이걸 '노찬스(4장 벽)' 패라고 합니다.

안전도 순위로 말하자면 A급에 해당하는 패. 특정 수패가 4장이 보이면 노찬스가 된 패를 확실히 체크합시다.

또한 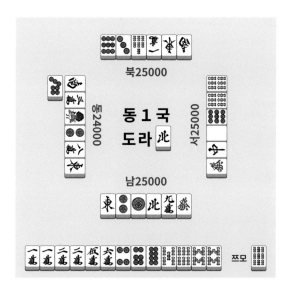도 이 손패 중에선 비교적 안전한 패입니다. 이번엔 ▦이 3장 보이니 ▦▦ 양면 대기가 되는 '▦▦' 타쯔는 타가가 만들기 힘들기 (남은 1장의 ▦을 가지고 있을 때뿐) 때문입니다.

이건 '원찬스(3장 벽)' 패라고 해서 노찬스 패보단 부족해도 안전도가 높은 패입니다. 양면 대기를 완전히 부정할 수 없기에 안전도로 따지면 스지보다 못한 C급이지만 무스지 중에서는 꽤 안전한 부류에 속합니다.

이어서 '안전 구역'을 소개하겠습니다. '초반에 버려진 수패 바깥쪽은 안전도가 높은 구역'입니다.

예를 들어 이런 리치에 대해 역시 현물도 스지도 없는 상황입니다. 이번엔 벽도 없습니다만, 이 손패 중에선 ▣과 ▣이 비교적 지나가기 쉽다고 할 수 있습니다. 주목 포인트는 리치를 선언한 동가가 2순에 버린 ▣입니다. 이렇게 빠른 차례(대체로 5순 정도까지)에 ▣을 버린 리치에 대해 ▣과

[패]이 오름패가 되는 경우는 예를 들어 다음과 같은 경우입니다.

[麻雀패 그림: 二萬 三萬 三萬 八萬 ● ●● ●● 筒 索 索 索 東]

이런 손패에서 고립패를 버리지 않다가 갑자기 [二萬][三萬][三萬]의 모양에서 [三萬]을 버리고, 게다가 텐파이할 때까지 [二萬][四萬]을 자력으로 쯔모하지 못한 상태입니다. 순서로선 꽤 부자연스러우면서 확률도 낮다고 할 수 있습니다.

어디까지나 '방총당할 가능성이 낮은 패'를 고르는 방법이라 스지나 벽처럼 '반드시 안전!'하다고는 말할 수 없어도 적은 힌트 속에서 더욱 안전한 패를 고를 때 유력한 단서 중 하나입니다.

■「합치기 기술」로 더욱 안전한 패를 찾는다

'스지', '벽', '안전 구역' 등 안전패를 찾는 방법을 조합하여 더욱 많은 안전패를 찾을 수 있습니다.

「벽」과 「스지」를 합친 기술

베타오리를 하고 싶은데 현물과 스지가 아무것도 없습니다. 하지만 '[三萬]이 4장 보이니 [二萬][四萬]은 버려도 괜찮다' (벽).

'[七萬]이 지나갔으니 [四萬][七萬] 양면 대기가 아니다' (스지).

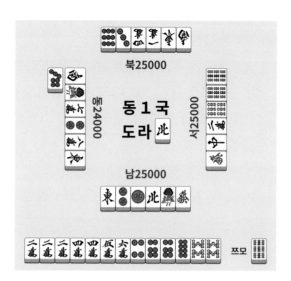

이 정보에서 , 양쪽의 양면 대기일 가능성이 사라지고, 이 3장 보이니 샤보 대기도 아니라는 점에서 이 방총당할 패턴은 간 짱 과 단기 대기 두 가지 패턴뿐입니다. 이 손패 중에서 가장 안전한 패라고 할 수 있습니다.

안전 구역과 스지를 합친 기술

이쪽도 현물과 스지가 없습니다만 리치를 선언한 동가가 초반에 버린 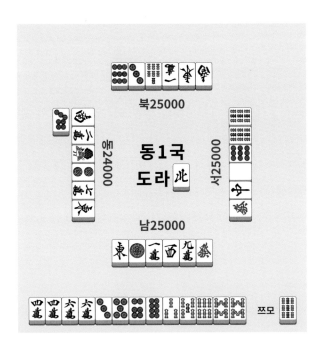의 바깥쪽은 '안전 구역'으로 양면 대기일 가능성은 상당히 낮습니다. 그리고 이 지나갔으니 의 양면 대기일 가능성도 없습니다(스지).

따라서 이 손패 중에서는 의 안전도가 가장 높습니다.

동1국
도라

북25000

동24000

서25000

남25000

쯔모

■ 내리는 도중에 방총을 당해버렸다?! 그럴 땐……

지금까지 '안전도가 높은 패'를 찾는 방법에 관해 이야기했습니다. 그러나 현물 이외의 패는 늘 '론'이라는 말을 들을 가능성이 있습니다. 베타오리를 해야 하는 상황에선 스지나 벽을 믿고 안전패를 찾기 전에 우선 손패에서 확실히 현물과 안전도가 높은 자패를 고릅시다.

그렇게 내리기를 해도 스지 낚시에 걸리거나 자패, 노두패 치또이, 지옥대기의 국사무쌍 등 안전해 보이는 패를 버리고 어쩔 수 없이 방총당하는 순간은 누구에게나 일어납니다.

그런 순간에도 화내지 않고 우선 결과적으로 방총이 되어버렸지만 '현물이 없는 상황에서 가장 안전도가 높은 패를 고른 본인'을 칭찬해주세요! 그리고 침착하게 패보를 복기해보면 때로는 더 안전한 패를 발견할 수 있을지도 모릅니다.

실전에선 제한 시간 관계로 천천히 생각할 수 없었던 부분을 패보로 다시 확인하고 '이 🀕은 🀓이 지나갔고 🀖이 4장 보이니까 양면에 해당하지 않겠군……'이라는 식으로 구체적인 모양을 떠올리면서 위험도를 비교할 수 있게 되면 다음에 똑같은 상황이 찾아왔을 때 분명 정답을 찾아 마작을 할 수 있을 겁니다. 실전과 복습을 거듭하면 한정된 시간 안에도 올바른 판단을 할 수 있게 될 겁니다.

확실하게 생각한 후에 당한 방총은 반드시 성장의 밑거름이 됩니다.

버려진 적도라를 주목하는 거다!

리치를 선언한 타가가 적도라를 버린 후 리치를 선언했을 땐 안전패를 찾는 방법이 더 늘어납니다.

실전에서 흔히 이런 상황을 볼 수 있습니다.

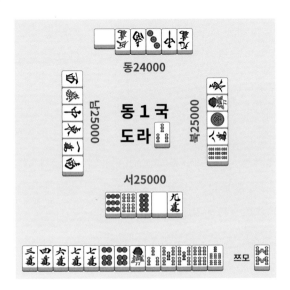

이번에도 현물이나 스지가 없습니다. 또한 벽과 구역 이론으로도 안전패를 찾을 수 없습니다. 하지만 이번 리치엔 '리치를 선언한 사람의 버림패에 이 있다'라는 큰 힌트가 있습니다.

그 힌트란 의 '마타기' 대기일 가능성이 한없이 낮다는 점입니다. '마타기'란 특정 패를 사용한 양면 대기를 말합니다. '의 마타기 대기'란 구체적으로 四萬五萬이나 五萬六萬, 즉 五萬을 사용한 양면 대기 2종류를 가리킵니다.

五萬을 버린 리치에서 이 두 가지 양면 대기의 가능성이 낮은 이유는 손안에 4萬5萬5萬이나 5萬5萬6萬이라는 모양이 있을 경우 보통은 타점을 올리기 위해 5萬을 버리기 때문입니다. 따라서 5萬을 버린 사람의 손패에는 5萬이 없다고 추리할 수 있습니다. 따라서 3萬6萬과 4萬7萬 두 가지 대기를 리치 대기패 후보에서 제외할 수 있습니다.

본인의 손패를 보면 3萬·4萬·6萬·7萬의 만수패가 있습니다. 전부 한 종류의 양면 대기에 해당하는 경우는 사라졌으나 아직 방총당할 가능성은 남아있습니다.

특히 4萬·6萬은 각각 2萬3萬과 5萬6萬·4萬5萬과 7萬8萬 두 가지 양면 대기에 해당할 가능성이 있기에 5萬을 걸친 대기가 없다고 해도 아직 양면 대기에 해당할 경우는 남아있습니다. 그에 비해 3萬7萬이 양면 대기에 해당하는 건 각각 4萬5萬과 5萬6萬 한 종류씩밖에 없습니다. 5萬을 버린 리치에 대해선 3萬7萬이 굉장히 안전합니다.

■ 더욱 안전도가 높은 경우

또한 타가가 바닥에 버린 적도라와 같은 색의 다른 수패를 버린 경우, 더욱 안전도가 높은 패를 찾을 수 있습니다.

위의 대국도로 돌아가 3萬·4萬·6萬·7萬의 안전도를 비교해봅시다.

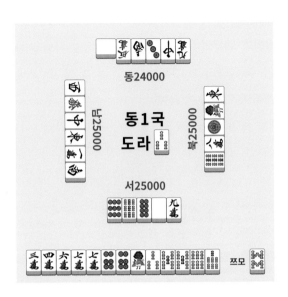

'의 마타기 양면 대기가 없다'라는 건 이해하셨을 겁니다. 그에 더해 이번 포인트는 리치 전에 九萬을 버렸다는 점입니다.

이때의 三萬·四萬·六萬·七萬의 안전도는

六萬 > 七萬 > 三萬 >>>>>>>>>> 四萬입니다.

六萬의 안전도가 높은 이유는 해당하는 경우가 굉장히 적기 때문입니다. 伍萬과 九萬을 버렸으니 三萬六萬과 六萬九萬이라는 두 가지 양면 대기일 가능성이 사라졌고 양면 대기에 해당하지 않는 패가 되었습니다. 게다가 伍萬을 버렸으니 六萬과 무언가의 샤보 대기나 단기 대기도 부자연스러운 대기입니다(伍萬六萬六萬이나 伍萬六萬 같은 모양에서 伍萬를 버렸다는 뜻이기 때문).

두 종류의 양면, 간짱, 샤보, 단기 5종류의 패턴 전부에 해당하는 경우가 없으니 만수패 네 개 중 가장 안전도가 높습니다.

七萬이 2번째로 안전한 이유는 5만과 마찬가지로 양면 대기에 해당하지 않기 때문입니다. 또한 초반에 九萬을 버렸으니 변짱일 가능성도 거의 없습니다. 간짱 대기도 五萬 六萬 八萬 에서 五萬 을 버렸다는 뜻이라 부자연스럽습니다. 마지막으로 샤보 대기에 해당하는 경우입니다. 五萬 七萬 七萬 에서 五萬 을 버리는 경우는 五萬 六萬 六萬 보다 약간 가능성이 있기에(쓰안커 이샨텐에서 유효패를 좁혀서라도 안전패를 가지고 싶었던 경우 등) 六萬 보다는 조금 위험하지만 역시 상당히 안전한 부류의 패라고 할 수 있습니다.

　이어서 안전한 패는 三萬 입니다. 이쪽도 마찬가지로 양면 대기에 해당하는 경우는 없습니다만 七萬 과 같은 이유로 샤보 대기에 해당할 수 있고, 초반에 만수패의 一萬 과 二萬 을 버리지 않았으니 변짱 三萬 의 가능성은 충분히 고려할 수 있다는 점에서 보통의 스지 정도로 안전합니다.

　마지막으로 위험한 건 四萬 입니다. 이건 五萬 에 걸친 대기가 없다고 해도 아직 一萬 四萬 양면 대기에 해당하는 경우가 남아있기에 평범한 무스지와 동등한 위험도의 패입니다.

　다만 이렇게 읽는 건 전부 '손패 안에 五萬 五萬 六萬 이 있다면 五萬 을 버린다'라는 전제에 근거한 판단입니다.

　극히 드물게 다른 사람의 읽기를 벗어나기 위해서나 클릭, 명패 실수로 五萬 五萬 六萬 에서 일부러 五萬 을 버리는 경우도 있으니 '五萬 을 버린 경우엔 五萬 의 마타기 양면 대기는 절대로 120% 없을 것이다'라고 단언할 수 없습니다.

　또한 치또이나 쯔모 쓰안커 모양의 경우엔 일부러 적도라를 버려서 동색으로 대기하는 경우도 있습니다만, 기본적으로는 극히 낮은 확률의 경우이기에 실전에선 거의 고려할 필요가 없습니다.

이때다 하는 순간엔 「샨텐 공격」!

'공격과 수비의 대원칙'에선 '본인이 텐파이 상태라면 공격, 량샨텐 이하라면 내리기'라는 공수의 기준을 소개했습니다. 그럼 이샨텐일 때 타가가 리치를 선언하면 공격과 수비 중 어느 쪽이 좋을까요?

정답은 '상황에 따라 공격하거나 수비를 하는 경우가 있다'입니다.

이샨텐이라고 한마디로 말을 해도 경우의 수는 다양합니다. 적도라도 도라도 없고, 우형 타쯔뿐인 이샨텐이 있는가 하면 도라를 가지고 있고 당장에라도 텐파이할 수 있는 이샨텐도 있습니다. 혹은 지나치게 빠른 리치 선언에 안전패가 없는 상태도 있는가 하면 유국 직전에 리치를 선언하는 경우도 있습니다.

여기에서는 이샨텐일 때 공격해야 하는 손패와 수비해야 하는 손패를 구분하는 방법, 그리고 텐파이하지 않은 상태에서 리치에 대한 공수 판단, '샨텐 공격'을 해야 하는 상황에 관해 설명하겠습니다.

■「샨텐 공격」이란

본인이 아직 텐파이하지 않았는데 타가의 리치 선언에 대해 공격하는 것을 가리킵니다. '이샨텐' 상태에서 리치에 대항하면 '이샨텐 공격', '량샨텐' 상태에서 공격하면 '량샨텐 공격'이라고 합니다. 이런 공격을 총칭해서 텐파이하지 않은 상태의 공격을 '샨텐 공격'이라고 합니다.

실제로는 량샨텐에서 공격하는 일은 거의 없기에 '샨텐 공격'≒'리치에 대해 이샨텐 상태에서 공격하는 것'이라고 인식해도 괜찮습니다.

샨텐 공격은 텐파이 상태에서 공격하는 것 이상으로 리스크를 동반하는

행위입니다. 어쨌든 상대가 '이미 텐파이를 했습니다'라고 리치를 선언했음
에도 불구하고 거기에 이샨텐 상태로 공격한다는 뜻입니다. 화료하기 위해
선 우선 이샨텐 상태에서 방총패를 버리지 않고 뒤쫓아서 텐파이를 한 후
추격 리치를 선언하고, 또다시 상대가 화료하기 전에 먼저 화료를 해야만
합니다.

말하자면 2회 연속으로 상대를 이겨야만 하는 힘든 싸움에 임하기 때문
에 그 위험도에 걸맞은 가치가 있는, 이때다 하는 상태에서만 써야 합니다.

구체적으로 이런 손패에선 타가가 리치를 선언해도 샨텐 공격을 하는 게
좋습니다.

동1국 서가 5순 도라🀡

🀌🀍🀎🀎🀎🀡🀟🀠🀡🀘🀘🀙🀙쓰모🀃

뛸 듯이 기뻐하고 싶을 만한 호형 이샨텐인데 자가 선제 리치를 선언했습
니다. 현물은 🀌과 🀙이 있습니다. '수비' 판단과 베타오리를 각오하면 모
처럼의 좋은 패로도 방총을 걱정해서 무스지를 버리지 못할 가능성이 높습
니다.

물론 노력의 성과이자 훌륭한 선택이지만 여기에선 더욱 한 걸음 앞으로
나아가 '이샨텐에서도 공격해야만 하는 패가 있다'라고 기억해주세요.

즉 이 상황에선 🀃을 버려야만 합니다. 이유는 이 손패가 호형, 고타점의
이샨텐이기 때문입니다.

구체적으로는 다음의 세 가지 조건을 갖췄기 때문입니다.

- 유효패가 넓어서 바로 텐파이할 확률이 높다
- 호형 텐파이가 확정되었기에 싸워도 이길 수 있다
- 리치를 선언하면 5200점 이상의 타점을 확보하니 화료했을 때의 리턴이 크다

이 '유효패가 넓은 이샨텐', '텐파이하면 반드시 호형 텐파이가 된다', '리치 +2판 이상의 고타점을 낼 수 있다' 세 가지를 충족한 좋은 손패일 땐 이샨텐이라도 무스지를 버리는 게 한 걸음 앞으로 나아가는 공수 판단, '이샨텐 공격'입니다.

유효패가 넓은 이샨텐이라면 샨텐 공격 시간이 짧고 위험패를 뽑기 전에 추격 리치를 선언할 가능성이 올라갑니다. 반드시 호형 텐파이가 되는 모양이라면 추격 리치를 선언했을 때에도 유리한 싸움을 할 수 있습니다.

그리고 고타점이라면 샨텐 공격의 리스크에 걸맞은 리턴을 받을 수 있기 때문입니다.

또한 텐파이 상황에서의 공수 판단과 마찬가지로 여기에서도 리치를 선언한 타가의 버림패는 고려하지 않습니다. 만약 뽑은 패가 다른 무스지 패든 리치를 선언한 타가의 버림패 중에 삭수패가 많든 하나도 버리지 않았든 이만한 기회가 오면 본인에게 필요 없는 패는 전부 버립시다.

공수 판단에 있어 가장 중요시해야 하는 점은 눈앞에 있는 본인의 손패의 가치와 공격했을 때의 기대치입니다. 불확정 요소가 있는 상대의 손패 읽기가 아닙니다. 우선 본인의 손패의 가치를 근거로 한 '공격'인지 '수비'인지를 판단한 후엔 뽑은 패의 위험도에 따라 공수 판단이 뒤집히는 경우가 거의 없습니다.

■ 용기를 가지고 「수비」 판단!

'좋은 손패라면 공격해도 된다! 좋—아, 만관이니까 전부 버려야지!'라고 생각한 분들은 주목하세요!

동1국 서가 5순 도라

찬타에 삼색동순까지 보이는 아름다운 이샨텐! ……이었는데 타가가 리치를 선언하고 일발 순서에 무스지 🀞을 뽑았습니다. 안전패는 🀐과 🀆, 🀃이 있습니다. 이 상황에선 🀞을 쯔모기리해서 공격하는 게 좋을까요, 현물을 버려서 수비를 하는 게 좋을까요?

리치를 선언한 타가의 버림패가 없으면 알 수 없다고 말씀하실지도 모릅니다. 하지만 여기에선 버림패의 정보가 없어도 기본적으로 '내리기'가 정답입니다. 그 이유는 이 손패에서 화료하기 위해선 🀞만이 아니라 🀙이나 🀐을 쯔모할 때까지 뽑은 모든 위험패를 쯔모기리를 계속해야 하고, 게다가 텐파이를 한 후에도 우형으로 추격 리치를 선언한 후 싸워서 이긴다는 2단계의 힘든 추첨을 해야만 하기 때문입니다. 여기에선 깨끗하게 현물을 버려서 내리는 게 좋습니다.

자기도 모르게 공격하고 싶은 이샨텐이라면 실전에선 이런 손패도 자주 보입니다.

🀉🀉 🀕🀖 🀗🀘 🀙🀙🀙 　 南 南 北 北 쯔모 🀌

(□ 은 생패)

치또이, 도라2의 이샨텐입니다만 뜬패 🀗🀘 □ 🀌 이 전부 지나가지 않았습니다. 현물은 南 과 北 이 있습니다. '4종이 전부 해당할 리 없으니 □ 정도는 내봐도 괜찮을까……'라고 생각하셨을지도 모릅니다. 그러나 여기에서도 중요한 건 버리는 패의 위험도가 아니라 '본인의 손패의 가치', 즉 '유효패가 3종류밖에 없고 텐파이해도 단기 대기가 확정된 이샨텐'이라는 점입니다.

여기에서도 현물인 南 과 北 을 버리고 확실하게 내리는 게 좋습니다.

'승부를 걸어볼 만한 손패는 공격'이긴 해도 '우형이 남은 이샨텐이라면 공격은 소극적으로. 우형 2개라면 만관이라도 용기를 내어서 베타오리'가 샨텐 공격의 기본입니다. 반드시 익혀서 실천해보세요.

'샨텐 공격'의 기준은 최소한 이 정도는 익히셔야 합니다.

리치가 없다면 뛰어오를 듯이 기뻐하고 싶은 이샨텐이지만 타가가 리치를 선언했다면 이만한 손패로 간신히 '아슬아슬하게 공격할 만하다' 수준이 됩니다. 그만큼 이샨텐 공격은 리스크를 동반하는 행위입니다. 텐파이하기 전에 🀈🀊 이나 🀗🀘 이 바닥에 버려지면 그때부터라도 내려야만 합니다.

■ 친이라면 어느 정도 적극적으로

그 외에 샨텐 공격을 결정하는 요소에는 '친인가 자인가'라는 점도 있습니다.

리치를 선언한 상대가 친인 경우엔 방총 시의 타점이 1.5배가 되기 때문에 상당히 방어적으로 해야 하고, 본인이 친인 경우엔 화료했을 때의 타점이 1.5배가 되는 데 더해 타가가 쯔모한 경우엔 오야카부리로 지불해야 하는 점수가 자의 2배가 되기 때문에 공격 선택이 약간 우위를 점합니다.

또한 상기한 조건을 완전히 충족하지 않아도 '순서가 빠르다(안전패의 힌트가 적다)', '안전패가 없어서 애초에 내릴 수 없다'일 때에도 노텐에서 공격할 수도 있습니다.

■ 더 공격하고 더 내리도록!

이처럼 본인의 손패의 가치를 근거로 '공격, 수비'의 기준을 명확히 한 후 공격해야만 하는 손패에선 위험패라도 계속 버리고, 수비해야만 하는 손패에선 '어쩐지 지나갈 수 있을 것 같은 패'조차 버리지 않고 확실하게 내리는 게 스텝 업을 목표로 하는 작사의 필수 테크닉입니다.

'더 공격하고 더 내린다!' 즉 '본인이 지금 공격해야 하는지 내려야 하는지 모르는 상태를 줄이는 게 향상의 비결'이라는 점을 반드시 기억해주세요.

또한 샨텐 공격을 하는 도중에 울어서 텐파이할 수 있는 패가 나오는 때도 있습니다.

동1국 서가 8순 도라 🀋

三萬 四萬 七萬 七萬 八萬 八萬 八萬 🀞 🀞 🀞 🀙 🀙 🀙 상가가 버린 🀙

　멘젠으로 텐파이하고 추격 리치를 선언해서 대결하고 싶은 손패이지만 여기에선 치를 해서 빨리 텐파이를 하는 게 좋습니다. 리치를 선언하면 이 이후 텐파이할 때까지 뽑는 모든 위험패를 지나가야만 합니다.

　리치와 싸울 땐 멘젠 리치에 의한 타점 향상의 가능성보다 한 턴이라도 빨리 텐파이를 해서 50% 이상의 싸움으로 끌고 가 본인이 상대의 오름패를 뽑기 전에 화료하는 걸 목표로 하는 판단도 중요합니다.

위험도를 고려하는 방법 「해적 룰렛」!

 샨텐 공격의 기준은 본인의 손패가 '호형 이샨텐'이며 '타점이 높은 패'일 것, 그 조건을 충족하지 못하면 이샨텐이라도 기본은 '수비'라고 말씀드렸습니다. 하지만 마작엔 내리고 싶어도 내리지 못하는 상황도 있습니다. 예를 들면 이런 상황!

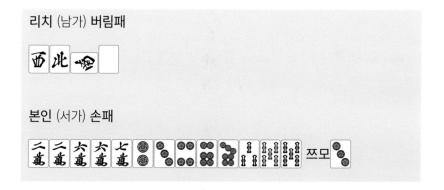

 탕야오, 적도라1의 좋은 손패인데 타가가 굉장히 일찍 리치를 선언했습니다. 본인의 손패는 우형이 남은 량샨텐입니다. '공수 판단의 기본'에 근거하면 '수비'를 선택해야만 하는 국면입니다.

 하지만 이 손패에선 리치에 대해 확실하게 지나갈 수 있는 패가 하나도 없습니다. 이 손패 중에서 비교적 안전도가 높은 패를 고른다면 노두패에 가깝고 또이쯔라 2턴을 넘길 수 있는 일까요. 그렇다고 해도 무스지라 지나갈 수 있다는 보장은 전혀 없습니다.

 혹은 2장 있는 의 얇은 벽을 믿고 을 버리는 것도 다른 수패와 비교하면 어느 정도 안전도가 높지만, 역시 확실하게 지나갈 수 있다는 보장이 없는 데다가 본인의 손패는 크게 후퇴하여 화료하기 힘들어집니다.

게다가 만약 한 장이 지나간다 해도 다음 턴에 또 새로운 패를 골라 버려야만 합니다. 말하자면 유국까지 '수비를 하고 있는데 방총 추첨만 계속 이어진다'라는 상태입니다.

이런 식으로 리치에 대한 안전패가 없어서 어떻게 해서든 내리기 힘들 때 닥친 리스크는 피할 수 없습니다. '어떻게 해도 방총 추첨을 해야만 한다면 본인의 화료 가능성을 좇는 쪽이 낫다'라고 생각하고 용기를 내어 반격해 봅시다.

조금 전의 패에서 버려야만 하는 패는 타가가 리치를 선언했지만 애초에 내릴 수 없고, 상대가 우형이거나 타점이 낮은 리치뿐인 손패일 수도 있습니다. 본인의 화료를 목표로 하는 게 좋습니다.

그런데 이 의 방총률이 약 어느 정도인지 구하는 방법이 있습니다. 바로 '해적 룰렛 이론'입니다.

'두근두근 해적 룰렛'이란 장난감을 알고 계실까요? 구멍이 잔뜩 뚫린 나무통에 해적 인형이 들어있고, 플레이어가 교대로 구멍에 단검을 꽂습니다. 그리고 어느 한 구멍에 단검을 꽂으면 해적이 튀어나오는 게임입니다.

처음엔 빈 구멍이 잔뜩 있어서 맞출 가능성이 낮기 때문에 해적은 잘 튀어나오지 않습니다. 그러나 두 개가 남은 상황까지 게임이 진행되면 튀어나올 확률은 50%! 처음엔 낮았던 확률이 종반이 가까워짐에 따라 점점 올라갑니다.

마작의 오름패도 똑같다고 할 수 있습니다.

자패만 버린 이 리치에 대해 을 버렸을 때의 방총률은 아직 단검이 하나도 꽂히지 않은 나무통에 단검을 꽂는 것과 같습니다. 오름패일 확률은 거의 없습니다.

구체적으로는 약 1/18, 5.5% 정도입니다. 이 18이라는 숫자는 마작 내의 스지의 수입니다. 즉 만수패, 통수패, 삭수패에 각각 1-4부터 6-9까지 6개의 스지가 있고, 스지의 수는 합계 18개. 🎴이 오름패라면 18개의 스지 중 🎴🎴의 스지 하나뿐이기 때문입니다. 실제로는 자패 대기와 우형 대기일 가능성도 있기에 🎴의 방총률은 약 5%라고 해도 괜찮습니다.

무스지를 버렸을 때의 방총률은 🎴을 버린 후 다음 무스지는 1/17, 그다음 무스지는 1/16처럼 리치에 대해 새로운 수패가 지나갈 때마다 상승합니다.

마치 해적 룰렛에 단검을 꽂을 때마다 다음 단검으로 해적이 튀어나올 확률이 상승하는 것과 비슷해서 '1/(18-지나간 스지의 수)로 대략적인 다음 무스지의 방총률을 구하는 공식'을 해적 룰렛 이론이라고 부릅니다.또한 4, 5, 6 패를 버릴 땐 각각 1-4와 4-7, 2-5와 5-8, 3-6과 6-9, 각각 2개의 스지에 걸쳐있어서 단검 2개 분량, 즉 방총률은 2/(18-지나간 스지의 수)가 됩니다. 지나갔을 때도 '지나간 스지의 수'를 +2로 계산합니다.

대국도를 보면서 실제로 남아있는 스지의 수와 패의 위험도를 생각해봅시다.

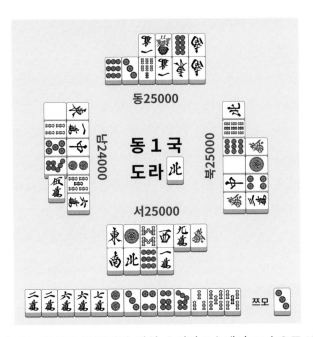

본인의 손패는 변하지 않았지만 리치 순서가 3순에서 11순으로 바뀌었고 리치를 선언한 타가의 버림패에도 수패가 늘어났습니다.

지나간 스지를 세어보면

'一萬四萬, 二萬伍萬, 三萬六萬, 伍萬八萬, 六萬九萬, ⚫⚫⚫, ⚫⚫⚫, ⚫⚫⚫, 🎋, 🎋, 🎋, 🎋🎋🎋'으로 전부 12개의 스지가 지나갔습니다. 즉 남은 스지는 6개. 🎋의 방총률은 대체로 16.6%라는 사실을 알 수 있습니다.

	1−4	2−5	3−6	4−7	5−8	6−9
만수패	1−4	2−5	3−6	4−7	5−8	6−9
통수패	1−4	2−5	3−6	4−7	5−8	6−9
삭수패	1−4	2−5	3−6	4−7	5−8	6−9

후자의 리치에 대해 '지나간 스지(빨강)'와 '지나가지 않은 스지(하양)'. 다

116

음에 무스지를 버리면 상당한 확률로 방총당할 것 같습니다.

본인의 손패는 변하지 않았는데도 불구하고 지나간 수패가 늘어났기에 남은 무스지의 위험도가 올라가고, 첫 상황에선 그렇게까지 위험하지 않았던 3통이 이번엔 상당한 위험패가 되었습니다.

'이 무스지를 버리는 건 꽤 위험할 것 같으니 일단 현물인 6만을 버리는 게 무난할 것 같다'와 '지나간 스지의 개수에 따라 공수 판단을 바꾼다'라는 사고방식은 '스지 카운트'와 '1/18 이론'이라고 부르기도 합니다.

- 순이 빠르다
- 자패와 현물 등 리치에 대한 안전패가 손안에 없다
- 본인의 패가 나름대로 완성되어서 화료할 것 같다

이 조건을 만족했을 땐 '해적 룰렛 이론'에 따라 버리는 패의 대략적인 방총률을 계산하며 공격합시다. 또한 공격하는 과정에서 손안에 현물이 늘어난 경우도 많습니다. 리치에 대해 안전패가 늘어나서 충분히 내릴 수 있는 모양이 되면 '우형이 남은 이샨텐 미만의 손패에서는 내린다'라는 공수 판단의 기본에 근거하여 '수비' 판단으로 바꿉시다.

제 **4** 장

읽기 기술

상급자는 어디까지 읽을 수 있는가

'읽기'라고 하면 어떤 장면을 떠올리시나요? 상대의 손패와 대기를 마법처럼 맞추고 오름패를 내지 않는 이미지가 강할지도 모릅니다.

물론 그것도 '읽기'이지만 그런 상황은 극히 일부에 불과합니다.

마작에 있어 '읽기'란 보이는 정보에서 보이지 않는 부분을 추리하는 걸 뜻합니다. 보이는 정보란 주로 본인의 손패와 모두의 버림패, 그리고 타가의 부로 멘쯔입니다. 또한 잠시 생각하거나(부자연스러운 빈 시간이 있었다) 손패의 왼쪽부터 ○번째에서 ○의 패가 나왔다, 목소리의 톤이나 쯔모, 타패 동작이 변했다, 인터넷 마작에선 렉이 발생했다 등도 패보엔 남지 않지만 읽기에 쓸 수 있는 정보입니다.

그에 비해 보이지 않는 정보란 그 이외의 패에 관한 것. 즉 타가의 손패와 패산에 남아있는 패입니다.

따라서 '읽기'라고 한마디로 말해도 실제로는 '어디의' 보이지 않는 부분을 추리하는가에 따라 다양한 종류가 있습니다.

몇 개를 나열하자면

- 패산에 어느 패가 더 많이 남아있는지를 추측하는 '패산 읽기'
- 상대가 어떤 역을 노리는지를 추리하는 '손역 읽기'
- 패가 어느 정도 진행되었는지 추리하는 '속도 읽기'
- 상대의 타점이 어느 정도인지를 추리하는 '타점 읽기'
- 이 국은 앞으로 어떤 전개로 진행될지에 대한 '전개 읽기'

등이 있습니다. 이 대기를 복합한 것의 일부가

• **어느 부분의 대기패로 텐파이했는지 추리하는 '대기 읽기'**

입니다.

■ 리치의 대기는 기본적으로 읽을 수 없다

그럼 읽기를 사용하면 상대의 리치 대기패를 읽을 수 있을까요? 예를 들어 상대가 이런 이샨텐이라는 걸 읽었다고 합시다.

三萬 四萬 八萬 八萬 ⊙ ⊙ ⊙ ⊙ ⊙ ⊙ 條 條 條 條 北

여기에 패 하나를 쯔모해서 北을 버리고 리치를 선언했습니다. 자, 이 리치 대기를 읽을 수 있을까요? 三萬 四萬이나 ⊙ ⊙ 중 하나라는 것까진 알 수 있지만 '마지막에 쯔모해서 텐파이한 패 하나(이리메)'는 도저히 알 수 없습니다.

실제로는 이샨텐 모양을 전부 읽을 수 있는 경우도 드물뿐더러 이리메는 절대로 알 수 없기에 리치 대기패는 기본적으로 읽을 수 없습니다.

또한 일반적인 마작에선 일발과 뒷도라가 존재합니다. 그렇다면 만약 '다른 역 없이 리치뿐일 거다!'라고 읽었다고 해도 뒷도라가 3장 있어서 만관이 될 가능성이 있습니다. 따라서 리치는 타점, 대기를 둘 다 읽을 수 없습니다.

■ 실은 다들 「읽기」 기술을 사용하고 있다

그럼 어느 정도까지 읽을 수 있을까요? 실은 대국 중 누구나 어느 정도 '읽기' 기술을 쓰고 있습니다.

예를 들어 다음 그림과 같은 부로를 한 타가의 손역은 어떻게 읽을 수 있을까요.

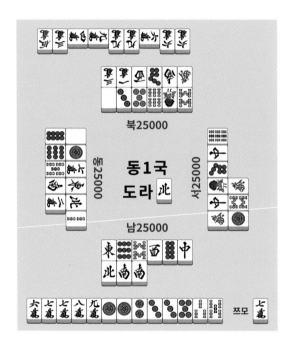

'만패만 모았잖아! 청일색일지도 모르니 화료하면 타점이 높을 거야! 벌써 텐파이 상태일지도 모르니까 만수패는 버리고 싶지 않은걸.' 어느 정도 마작을 해본 사람이라면 그렇게 느끼지 않을까요. 이것도 사실은 어엿한 읽기 기술입니다.

■ 다양한 「읽기」를 활용하면 여기까지 읽을 수 있다!

이 감각을 하나하나 설명하면

① 「손역 읽기」

이 울기의 손역은 거의 청일색으로 봐도 틀림없습니다. 그 이유는 '만수패를 많이 울었으니까' 뿐만이 아닙니다.

- 노두패를 포함한 울기와 탕야오 패만을 사용한 울기를 동시에 했으니 '탕야오'(와 찬타)의 가능성이 사라졌다
- 운 사람이 '역패'를 전부 버렸고, 바닥에 2장 이상 버려져 있으니 역패 안커거나 확정역이 없다
- 마찬가지로 다른 자패도 2장 이상 버렸으니 '혼일색'의 가능성이 거의 없고 만수패만 모았다면 남은 건 '청일색' 뿐
- 울어서 만든 멘쯔에서 '일기통관' '삼색동순' '또이또이'의 가능성도 없다

가 이유입니다.

특히 중요한 건 탕야오와 역패의 가능성이 없다는 점입니다. 이 사실로 남은 역은 상당히 한정적입니다. 반대로 언뜻 보아 같은 패를 잔뜩 울어도 탕야오와 역패의 가능성이 있는 울기의 경우엔 다른 패가 위험할 수도 있습니다.

② 「타점 읽기」

청일색, 적도라1로 6판 12000점이 확정되었습니다.

③ 「속도 읽기」

혼일색이나 청일색일 경우 생패인 자패가 넘친다면 텐파이했을지도 모르는 노란색 신호, 같은 수패가 넘친다면 텐파이했을 가능성이 더욱 높은 빨간색 신호입니다.

이번엔 1만과 3만을 버렸으니 거의 텐파이했다고 읽을 수 있습니다.

④ 「대기 읽기」

[萬]과 [萬]이 지나갔으니 다른 만수패가 위험해 보입니다.

또한 상가가 방금 버린 [萬]이 지나갔으니 지금은 [萬]도 오름패가 아닙니다.

버림패의 정보에서 [萬][萬][萬]이 안전하다는 사실을 알았습니다.

게다가 본인의 손패도 같이 보면 [萬]과 [萬]과 [萬]이 각각 4장 보입니다.

이 정보에서 언뜻 위험해 보이는 [萬]과 [萬]은 양면, 간짱, 샤보, 단기 대기 모두 맞지 않은 완전 안전패라는 사실을 알 수 있습니다.

따라서 북가의 대기는 [四萬][伍萬][八萬] 중 하나, 혹은 이 패를 복합한 대기라는 사실을 읽을 수 있습니다.

여기까지가 북가의 울기에 대한 읽기입니다. 이처럼 울기는 리치와 비교해서 보이는 정보량이 훨씬 많기에 읽을 수 있는 부분도 많습니다.

⑤ 「장황, 패산 읽기」

게다가 여기에서 읽기의 범위를 넓혀봅시다.

만수패 청일색인 사람이 있는 경우, 만수패는 이미 다수가 나와서 패산에는 거의 남지 않았을 가능성이 높습니다. 게다가 이런 식으로 울기를 하면 주위에선 만수패를 버리지 않게 되기에 만수패 대기로 싸움을 걸어도 그다지 화료할 수 없을 것 같습니다. 반대로 통수패, 삭수패 대기는 산에 남아 있는 장수가 많고 타가도 쉽게 버릴 테니 장황이 좋은 대기가 됩니다.

⑥ 「전개 읽기」

적도라를 포함한 청일색 3부로를 한 북가에 대해 친이 한 번도 지나가지 않은 을 버린 걸 보아 친도 높은 확률로 좋은 패를 가지고 있을 것 같습니다.

곧 친이 리치를 선언하거나 이미 다마텐을 해서 텐파이했을 테니 친에 대한 안전패도 확보하면서 진행하는 편이 좋습니다. 또한 이 국은 친과 북가의 싸움이 되어 둘 중 한 사람이 쯔모를 하거나 두 사람 사이의 횡이동으로 결착이 날 것 같습니다.

이런 정보까지 읽을 수 있습니다.

읽기의 첫걸음은 「테다시 패」!

'읽기'란 말하자면 탐정이 되어 추리하는 것과 같습니다. 부로 멘쯔나 버림패에서 타쯔의 흔적을 읽고 노리는 손역과 타점 등의 단서를 모아 마지막엔 남아있는 대기패라는 범인을 해명합니다! 또한 마지막 대기패 읽기까지 도착하지 못해도 손역과 타점을 아는 것만으로도 공수 판단에 활용할 수 있습니다. 즉 '하나라도 많은 단서를 얻는 것'과 '얻은 단서에서 무엇을 읽는가'가 읽기의 솜씨입니다.

지금부터는 드러난 멘쯔와 버림패에서 읽기에 쓸 '단서'를 찾는 방법과 그 단서로 무엇을 읽을 수 있는지를 소개하겠습니다.

■ 「테다시」에는 정보가 잔뜩!

중요한 단서 중 하나로 '테다시 패'가 있습니다.

'테다시'란 쯔모를 한 패를 손패 안에 넣고 다른 패를 버린 것, 혹은 패를 울고 손패에서 버린 패를 뜻합니다. 대의어로는 '쯔모기리'가 있습니다. 이쪽은 쯔모한 패를 그대로 버리는 것을 뜻합니다.

타가의 테다시 패를 보고 종반에 갑자기 '오, 지금 [🀙]는 테다시구나!'라고 말하면 어쩐지 상급자 같아서 상대에게 상당한 작사라는 인상을 줄 수 있을지도 모른다…… 라는 사용 방법도 있습니다만 여기에선 한 걸음 더 앞으로 나아가 테다시 패를 보는 방법을 알아봅시다.

■ 단서① 「울기를 한 직후에 버린 테다시 패」

그렇다고 해도 타가의 테다시, 쯔모기리를 전부 외울 수 있는 사람은 없습니다. 처음엔 '운 후에 버린 패'에 주목해봅시다.

치해서 텐파이한 상대의 경우 버린 수패는 높은 확률로 관련패입니다. 드러난 쪽의 멘쯔와 관련성이 없는 패를 버리면 그 패 주위의 대기가 남아있다고 추리할 수 있습니다.

구체적인 예시로 타가가 이런 모양으로 3부로를 한 상황을 볼까요

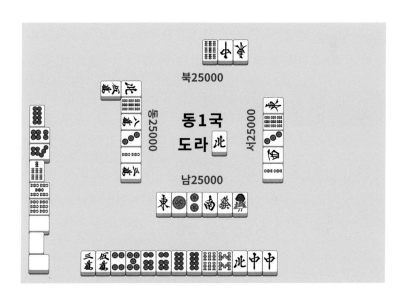

을 치하고 을 버렸습니다.

우선 이 단서를 깨닫는 게 읽기의 첫걸음입니다.

그리고 '왜 마지막까지 이 남아있었지?' → '은 드러난 멘쯔의   과 관련된 패가 아니니 마지막에 남은 대기의 관련패다!' → '그렇다

면 남아있는 대기의 모양은?'이라는 추리를 진행합니다.

실전에서 가장 흔히 있는 모양은 [五萬][五萬][六萬][索][索] 같은 모양에서 [五萬]을 버린 [四萬][七萬] 양면 대기입니다.

최종 테다시 패가 [五萬]일 때 다른 대기를 예로 들면 [三萬][三萬][五萬][索][索] 같은 [三萬]과 무언가의 샤보 대기나 [五萬][七萬][九萬][索][索]에서 간짱 [八萬] 등도 있습니다만 이번엔 버림패를 보아 둘 다 불가능하기에 거의 [四萬][七萬] 양면 대기라고 읽을 수 있습니다.

이걸 흔히 '치텐에 소바텐 있음'이라고 말하기도 합니다. 치로 텐파이한 상대는 마지막에 낸 패의 색, 특히 그 주변이 위험하다는 걸 기억하세요.

또한 이 법칙은 퐁해서 텐파이한 상대의 경우에는 반드시 맞진 않습니다. 예를 들어 3부로 째에 [索]을 퐁해서 테다시한 패가 [五萬]이었을 때,

[索][索][五萬][五萬][六萬][索][索]

이런 모양이 남아있다면 [五萬]의 마타기인 [四萬][七萬]이 대기로 남습니다만

[索][索][五萬][七萬][七萬][索][索]

이런 모양의 이샨텐이었을 경우엔 [五萬] 주위가 머리가 되고, 대기로서 다른 색이 남는 경우도 있기 때문입니다. 퐁해서 텐파이한 상대는 마지막에 낸 패의 색이 대기로 남아있다고 단언할 수 없다는 것도 함께 기억해두면 좋습니다.

■ 단서② 「타쯔 버리기」

운 후에 버린 패와 비슷하게 중요한 테다시 패의 정보로서 '타쯔 버리기'가 있습니다. 타쯔를 버린다는 건 '그 타쯔가 없어도 충분히 모양이 만들어졌다', 혹은 '그 타쯔가 있으면 노릴 수 없는 손역을 목표로 하고 있다'라는 뜻입니다. 또한 이 '타쯔 버리기'의 정보는 울지 않은 상대의 패를 읽을 때도 중요합니다.

주목해야 하는 타쯔 버리기① : 또이쯔 버리기

예를 들어 같은 패를 연속해서 버리는 '또이쯔 버리기'를 한 상대는 치또이가 아니라는 걸 알 수 있고, 또이쯔 버리기를 한 패가 자패라면 혼일색이 아니라는 점과 1, 9패라면 탕야오를 노릴 것 같다, 라는 정보를 알 수 있습니다.

특히 역패 또이쯔 버리기를 한 사람을 경계해야 합니다. 머리로도 쓸 수도 있고 울면 1판이 붙는 역패 또이쯔는 어지간한 손역 재료가 갖춰지지 않으면 또이쯔 버리기를 하지 않습니다만…….

이런 이샨텐이 되면 中을 또이쯔 버리기를 하고 탕야오 핑후 모양을 만들고 싶어집니다. 역패 또이쯔 버리기를 한다는 건 그만큼 호형, 고타점이 되는 손역 재료가 남아있다는 중요한 힌트입니다.

또이쯔 버리기라는 단서를 깨닫고 '또이쯔 버리기를 한 패에서 무엇을 알 수 있는가'를 생각해보면 읽기의 폭이 넓어집니다.

주목해야 하는 타쯔 버리기② : 양면 버리기

이건 두 가지 경우가 있습니다.

첫 번째는 통상적인 멘쯔일 경우 남아있는 타쯔는 더 강한 양면 대기만이 남은 호형 이샨텐~텐파이의 가능성이 높을 것 같다고 읽을 수 있습니다.

二萬 三萬 五萬 六萬 ●● ●●● ●●●● 筒筒筒 筒 筒筒筒 쯔모 西

예를 들어 이런 양면 대기만 남은 이샨텐이라면 도라가 아닌 二萬을 버립니다.

또한 실전에선 손안에 二萬 二萬 三萬 三萬처럼 또이쯔가 나란히 있는 모양이 있는 경우 三萬→二萬을 버리고 一萬 四萬 대기를 남겨두는 경우도 자주 있습니다. 이걸 '더블 멘쯔 버리기'라고 합니다. '손패에서 二萬 三萬이 나왔으니 一萬은 안전할 것 같다'라고 생각하지 말고 더블 멘쯔 버리기의 가능성이 없는지 확실하게 확인합시다.

구체적인 패의 모양을 보면

二萬 二萬 三萬 三萬 ●● ●●● ●●●● 筒筒筒 筒 筒筒筒 쯔모 西

여기에서 三萬을 버리고 다음에 ●●을 가져오면 二萬을 버려서 一萬 四萬 대기가 남은 '더블 멘쯔 버리기'가 됩니다.

양면 타쯔를 버리는 경우는 그 외에도 혼일색이나 또이또이, 치또이, 국사무쌍 등을 노릴 때, 혹은 배패오리를 하는 경우에도 미래의 위험패를 먼저 처리하기 위해 양면 타쯔를 버릴 때가 있습니다. 이 경우엔 나중에 타점이 높은 역을 노리는 경우가 많으니 바로 경계할 필요성은 없지만 버림패의 색이 치우쳤는지와 울기에 의해 드러난 패에서 손역을 추리합시다.

■ 타쯔를 버린다 = 손안에 더 강한 타쯔가 있다

　지금까지 타쯔 버리기의 예시를 보면 공통점이 하나 있습니다. 그건 타쯔 버리기를 하는 경우엔 이미 손안에 충분한 타쯔가 모였다는 점입니다. 그리고 버린 타쯔가 강한 타쯔라면 어느 정도 텐파이에 가깝고 최종적인 대기와 타점도 좋다는 사실을 알 수 있습니다. 울기를 한 상대라면 텐파이했을지도 모른다, 멘젠 상대라면 곧 리치를 선언할 것 같다는 사인입니다.

　또한 타쯔 버리기를 한 상대의 리치는 타쯔의 테다시를 하지 않은 리치와 비교해서 호형 리치일 확률이 높다는 점도 알 수 있습니다.

　구체적으로 타쯔의 강약을 도식화하면

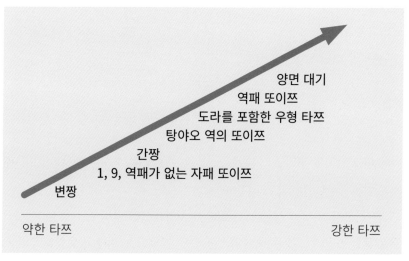

※ 도라가1, 9패의 경우 도라를 포함한 우형 타쯔의 강한 정도는 조금 더 약해진다.

이런 서열이 됩니다(간짱, 또이쯔를 구성하는 수패의 종류와 장황에 따라서도 달라지니 이건 다양한 기준 중 하나입니다).

상위 타쯔를 버렸을 땐 반드시 경계! 특히 상위 2가지를 버린 상대는 언제 리치를 선언해도 괜찮도록 현물을 가지고 있거나 본인의 손패가 추격할 수 없을 만할 땐 상대가 리치를 선언하기 전에 내려서 안전패를 가지고 있는 것도 좋습니다.

또한 이 서열을 알아두면 예를 들어 '도라를 포함한 우형 타쯔 테다시를 한 리치'에서 '대기는 그보다 강한 타쯔! 높은 확률로 역패 사보나 양면!'이라는 추리를 할 수 있기에 평소보다 스지패가 지나가기 쉬워지는 등 내리는 패를 고를 때에도 도움이 됩니다.

울기에 대해 언제 포기해야 할까?
「강한 타쯔 버리기」에 주목!

'리치를 선언한 상대에겐 내릴 수 있게 되었지만, 울기를 한 상대에겐 언제부터 내리기 시작해야 좋을지 모르겠어!'

초급자에서 중급자분에게 자주 받는 상담입니다.

리치를 선언한 상대는 텐파이했다는 걸 가르쳐주지만 울기를 한 상대는 언제 텐파이했는지 가르쳐주지 않습니다. 하지만 상대의 타쯔 버리기에 주목하면 상대의 대체적인 '속도'를 가늠할 수 있게 되었습니다.

지금부터는 더욱 한 걸음 나아가 '울기를 한 상대를 경계하는 타이밍', 그중에서도 실전에서 출현 빈도가 높은 '역패'나 '탕야오'로 울기를 한 상대의 위험 신호(텐파이했을 가능성이 높다는 사인)을 배워봅시다.

■ 강한 타쯔 버리기를 놓치지 마라!

결론부터 먼저 말씀드리자면 '강한 타쯔 버리기를 한 상대'는 텐파이~이샨텐의 가능성이 굉장히 높으니 반드시 경계해야 합니다. 변짱이나 노두패 또이쯔 버리기는 아직 텐파이에서 먼 단계에서 하는 때도 있지만 양면 버리기나 도라를 포함한 타쯔 버리기는 명확히 텐파이가 가까워졌다는 사인입니다.

- 양면 타쯔 버리기 (🀇🀈 등)
- 도라를 포함한 타쯔 버리기 (🀝🀟 등)
- 역패 또이쯔 버리기

이런 호형, 혹은 타점, 손역을 포함한 타쯔가 테다시로 버려졌을 때가 '강한 타쯔'입니다. 양면 타쯔, 역패 또이쯔 버리기에 대해선 조금 전 소개했으니 도라를 포함한 타쯔 버리기만 설명하겠습니다.

주목해야 할 타쯔 버리기③ : 도라를 포함한 타쯔 버리기

한 장만 있으면 한 판이 올라가는 귀중한 도라. 그러나 쓰려고 하면 힘든 대기가 남을 것 같을 땐 버리기도 합니다.

동1국 남가 5순 도라 🀙

예를 들어 이런 손패에서 도라패인 🀙을 쓰려면 간짱 대기가 남습니다. 최종형을 호형으로 만들기 위해 🀙🀙 부분을 버리는 경우가 많습니다.

양면 타쯔 버리기나 역패 또이쯔 버리기와 비교해서 눈에 띄지 않지만 도라를 포함한 타쯔 버리기도 명확히 텐파이가 가까워졌다는 사인입니다. '저 사람은 도라를 버렸으니 타점이 낮겠지!'라고 생각하실지도 모르지만, 실은 도라를 포함한 타쯔 버리기는 '도라가 없어도 충분히 모양이 좋은 손패, 또는 타점이 높은 손패'라는 사인입니다.

본인의 손패가 우형이 남은 량샨텐 이하로 텐파이가 멀거나 울기를 한 사람에 대해 위험패를 버리지 않으면 텐파이를 하지 못할 땐 베타오리를 하는 게 가장 무난합니다.

■ 타쯔 버리기를 놓치지 않는 비결

지금까지 타쯔 버리기 이야기를 계속했는데요. 앞서 설명한 읽기를 활용하기 위해선 '테다시 타쯔 버리기를 놓치지 않을 것'이 조건입니다. 예를 들어 상대가 ▨→▨을 나란히 버렸다고 해도 타쯔 버리기인지 단순히 쓰지 않는 패를 쯔모해서 그대로 버리는 것뿐인지에 따라 의미가 달라집니다. 그렇다고 해도 매번 대전 상대 세 명의 버림패를 빤—히 지켜보고, 거기서 특정 한 명에 대해 '저번 턴의 ▨은 테다시였나?'라고 떠올리는 건 굉장히 힘듭니다. 사실 그럴 필요도 없습니다! 타쯔 버리기를 놓치지 않기 위해선 '바닥에 버린 타쯔 뒤에 버린 게 테다시였는지'를 보기만 해도 충분히 확인할 수 있습니다.

그 이유는 테다시 ▨ → 테다시 ▨은 명확히 타쯔 버리기, 쯔모기리 ▨ → 테다시 ▨이라도 '▨을 쯔모기리 한 시점에 손안에도 ▨이 있었다. 즉 ▨▨의 타쯔 버리기'라는 사실을 알 수 있기 때문입니다.

테다시, 쯔모기리를 보는 건 굉장히 힘들지도 모르지만 멍하니 상대를 보다가 '버림패에 타쯔가 있을 때 2장째가 테다시였는지'만을 떠올리고 제대로 기억해두는 것만으로도 읽기에 사용할 수 있는 단서가 됩니다.

■ 탕야오, 역패 이외의 울기의 경우엔 텐파이가 먼 때도 있다

또한 이번에 소개한 상대의 '강한 타쯔 버리기'가 위험 신호가 되는 상황은 상대의 울기가 '역패'나 '탕야오'일 때입니다. 손패 13장을 한 수패로 모으는 혼일색, 청일색이나 또이또이의 경우엔 강한 타쯔가 손에서 나와도 텐파이까지 먼 경우가 많기에 '강한 타쯔가 나왔으니 이제 위험해!'라고 단순하게 생각하지 말고 상대의 손역을 추측해봅시다.

이번에 설명한 내용은 가장 알기 쉬운 '위험 신호'입니다. 실제 대국에선 '강한 타쯔 버리기'를 하지 않은 상대가 텐파이를 하는 경우도 많습니다.

그래도 우선은 이런 경우를 놓치지 않도록 타쯔 버리기에 주목하면서 마작을 하게 되면 울기를 한 상대에 대한 방총률이 줄어들 겁니다.

「상가의 버림패」에 힌트가 있는 거다!

'강한 타쯔 버리기'를 한 상대에겐 반드시 경계하고 본인의 손패가 화료에서 멀다면 내린다! 라고 말씀드렸지만 울기를 한 상대의 안전패를 찾는 건 굉장히 힘듭니다.

그런 때 도움이 되는 게 '무엇을 울었는가' 이상으로 '무엇을 울지 않았는가'에 주목해야 합니다.

실전에서 흔히 있는 건 예를 들어 이런 상황입니다.

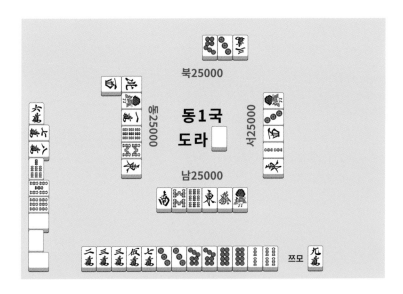

상가인 친이 벌써 3부로를 했습니다. 타쯔 버리기도 했으니 높은 확률로 텐파이한 상태일 것 같습니다. 그에 비해 본인의 손패는 멘쯔도 없고 제각각인 상태. 여기에서 화료하는 건 힘들 것 같으니 되도록 안전한 패를 버려서 내리고 싶은 국면이지만…… 친의 현물이 하나도 없습니다.

이런 때엔 '울기를 한 사람의 버림패' 다음으로 '울기를 한 사람의 상가(이번엔 북가)의 버림패)에 주목합시다.

이번 예시로 말하자면 북가의 버림패에 , , 이 있습니다. 이 단서에서 북가가 버린 과 과 은 동가의 울기에 대해 상당히 안전! 하다는 사실을 추리할 수 있습니다.

그 이유는 굉장히 단순합니다. '북가가 버린 패가 대기패였다면 버린 시점에 울었을 것이다'이기 때문입니다.

예를 들어 ☐을 운 후에 이런 모양이었다면?

七萬 八萬 ◎ ◎ 🀡 🀢 🀣 東 西 ☐ ☐ 도라 ☐

🀣은 치해서 샨텐 진행을 한 패. 기뻐하며 울었을 겁니다.

그런 패를 울지 않았다는 건 '대기로 쓸 수 있는 타쯔를 가지고 있지 않아서 울 수 없었다'일 가능성이 높다는 사실을 알 수 있습니다.

울기를 한 사람에 대해 그 사람의 상가가 버린 패는 안전도가 높다는 걸 우선 기억하세요.

■ 특정 패를 울지 않았으니 대기를 더욱 좁힐 수 있다!

'울기를 한 사람의 상가의 버림패에 있는, 울지 않은 패는 '울기를 할 수 없었던 패'라고 읽을 수 있게 되면 대기패를 더욱 좁힐 수 있습니다.

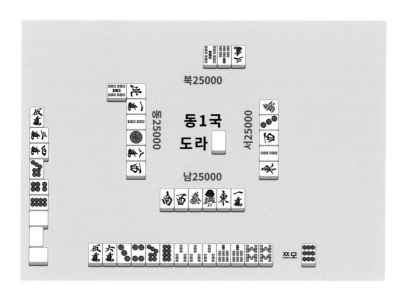

북25000

동25000　동1국 도라 □　서25000

남25000

쯔모

□을 퐁, ▨을 치해서 2부로를 한 친이 伍萬을 치하고 ▨을 버렸습니다. 이때 친의 대기패는 무엇일까요?

안전패 西를 지난 순에 버렸으니 ▨은 대기의 관련패라고 읽을 수 있습니다. '치텐의 경우엔 최종 테다시 패의 소바텐이 많다'라는 법칙을 근거로 ▨▨▨에서 ▨을 버리고 ▨▨대기나 ▨▨▨▨에서 ▨을 버리고 ▨▨ 대기를 예상하는 사람이 많을지도 모릅니다.

하지만 이번의 주목 포인트는 '친은 지난 순에 북가가 버린 ▨을 울지 않았다'라는 점입니다.

만약 ▨▨▨이나 ▨▨▨▨의 모양이 남아있었다면 지난 턴의 ▨을 퐁하고 ▨▨ 대기의 텐파이를 했을 겁니다. 그러지 않았다는 건 '▨을 퐁할 수 없는 패'였다는 사실을 읽을 수 있습니다. ▨을 퐁하지 못하는 모양임에도 불구하고 관련패로서 마지막까지 남겨둔 모양은 다음과 같습니다.

- 🀄🀫🀫🀫이나 🀫🀫🀫🀫의 량칸
- 🀫🀫🀫🀫, 🀫🀫🀫🀫의 떨어진 또이쯔가 있다

🀫🀫🀫🀫🀫, 🀫🀫🀫🀫 + 머리인 모양도 있겠지만 여기에서 🀫을 버리고 일부러 샤보 대기를 하는 경우는 없으니 제외했습니다.

따라서 대기는 간짱 🀫 / 간짱 🀄/🀫과 무언가의 샤보 / 🀫과 무언가의 샤보라고 읽을 수 있습니다.

여기에서 더욱 친과 북가의 버림패, 본인의 손패의 정보를 더해 추리를 진행하면 🀫은 친이 버렸으니 대기패가 아닙니다. 🀫은 본인의 손패에서 안 커이기 때문에 샤보로 대기를 할 리 없습니다. 🀫은 북가가 버렸고 이 역시 퐁을 하지 않았으니 🀫 샤보 대기일 리도 없습니다. 따라서 친의 대기는 거의 간짱 🀄 하나라고 읽을 수 있습니다.

이처럼 '치텐의 경우엔 최종 테다시 패의 소바텐이 많다'에 더해 '울지 않은 패는 「울 수 없었던 패」'라는 정보까지 더하면 3부로의 대기패는 굉장히 좁힐 수 있습니다.

■ 예외 패턴

다만 '울기를 한 사람의 상가의 버림패는 반드시 안전하다'라고 말할 수 없습니다. 울지 못했던 패가 대기가 되는 패턴도 있기 때문입니다.

대표적인 예시는 '단기 대기'입니다. 구체적으로는 이런 경우가 있습니다.

상대의 최종 모양이 단기 대기인 경우엔 아무리 상가의 버림패라고 해도 오름패가 되는 경우가 있습니다.

최종형에 이런 단기 대기가 남은 건 주로 혼일색이나 또이또이를 노린 경우. 상대의 울기에서 손역이 보일 땐 평소보다 단기 대기에 경계도를 올리면서 진행합시다.

또한 단순한 단기 대기 외에 [2만][2만][3만][4만]과 같은 노베탄 대기가 남은 경우도 있습니다. 이쪽도 '울 수 없는 패가 대기가 되는 예외 패턴'입니다.

또 하나의 패턴은 '운 후에 테다시(쯔모한 패를 손패 안에 넣고 다른 패를 버리는 것)를 한 경우'입니다. 이미 텐파이한 사람이 테다시를 하는 건 대기가 변했다는 사인! 예를 들어 [2만][4만]과 가지고 있던 간짱 [3만] 텐파이에서 [5만]을 쯔모한 경우엔 [2만]을 버리고 대기가 [3만][6만]으로 변하는 경우가 있습니다. 이런 때엔 울기를 한 사람의 상가가 6만을 버려도 '그때는 울지 못했지만 나중에 대기 모양이 바뀌어서 오름패가 되었다'인 경우입니다.

3부로를 한 상대가 테다시를 했을 땐 '저 패가 역에 필요했다면 지금 남아있는 대기패는 뭘까?'라고 생각하며 대기패를 좁힐 수 있습니다. 그에 따라 지나갈 수 있는 패도 많이 늘어나게 됩니다.

「손역 읽기」는 소거법!
「타점 읽기」는 도라의 수!

울기를 한 상대에 대해 내리거나 대기패를 좁히기 위해선 상대가 어떤 역을 노리고 있는지를 추리하는 '손역 읽기'도 큰 단서가 됩니다. 4개의 멘쯔와 1개의 머리가 모였다면 뭐든 화료할 수 있는 리치와 달리 울기를 한 손패는 역이 없으면 화료할 수 없습니다.

실전에서 발생하는 울기를 한 손패에서의 화료 역은 80% 이상이 탕야오나 역패입니다. 우선 상대의 울기를 보고 이 두 가지 중 어떤 건지를 생각해봅시다.

■ 탕야오인지 역패인지를 간파하자!

우선 상대가 부로한 패를 보고 자패와 노두패가 포함되어 있다면 역은 '역패'가 대부분입니다. 안커인지 back인지는 모르겠지만 패의 조합상 4장밖에 없는 패 중 3장이 갑자기 상대의 손에 모일 확률보다는 2장밖에 없는 확률 쪽이 높기에 back 쪽이 약간 많다고 할 수 있습니다.

그럼 2~8패만 부로한 경우엔 탕야오인가 하면, 이쪽은 우연히 부로한 패가 2~8패였던 역패 back인 경우도 있습니다.

예를 들어 🀙🀛🀚으로 치를 한 상대가 탕야오인지 역패 back인지를 구분하는 포인트에는 다음과 같은 조건이 있습니다.

• 1, 9, 자패 또이쯔 버리기를 한 경우엔 높은 확률로 탕야오

역패 back이라면 자패 또이쯔는 머리로 안전패를 겸해 손안에 남겨두는 경우가 많기 때문입니다.

• 안전패 다음에 손에서 1, 9패가 나오면 역패

안전패 다음이란 관련한 패였다는 뜻입니다. 탕야오처럼 보이지만 실제로는 역패 역으로 123에 4를 뽑아서 1을 버리고 789에서 6을 뽑아서 9를 버린(이건 '슬라이드'라고 부릅니다) 경우가 대부분입니다.

• 2~8 패 울기를 한 후 [伍萬]을 버렸는데 [四萬]을 [二萬][三萬]으로 치하거나 [六萬]을 [七萬][八萬]으로 치한 경우엔 역패

탕야오를 노렸다면 [二萬][三萬][伍萬]에서는 [六萬]을 뽑는 양면 변화를 노리고, 또 후리텐의 가능성을 남기지 않기 위해 [二萬]을 버리고 간짱 [四萬]을 남겨둡니다. 그러지 않았다는 건 손역이 역패라고 읽을 수 있습니다.

• [三筒] 등 탕야오가 확정된 양면 타쯔를 테다시한 후 [八萬][九萬] 등 탕야오가 확정되지 않은 노두패 근처의 양면 타쯔를 치하면 역패

탕야오를 노린다면 남겨둘 타쯔를 버렸다는 걸 깨닫고 상대의 손역을 좁힐 수 있습니다.

상대가 탕야오라고 읽을 수 있다면 1, 9, 자패는 안전하다는 걸 알 수 있고, 변짱 대기를 경계할 필요도 없기에 현물과 '울기를 한 사람의 상가가 버린 패' 이외에도 지나갈 수 있는 패가 늘어납니다.

■ 탕야오도 역패도 아닌 울기를 어떻게 봐야 하나

노두패를 포함한 부로를 하고 바닥에 역패가 전부 보일 땐 탕야오도 역패도 아닙니다. 이런 땐 혼일색이나 청일색, 바닥에 보이는 멘쯔가 퐁일 경우엔 또이또이 등을 노릴 가능성이 높다고 읽을 수 있습니다. 또한 그다지 출현 빈도가 높지 않지만 울어서 삼색동순이나 찬타, 일기통관인 경우도 있습니다.

혼일색, 청일색의 경우엔 모은 수패 이외의 중장패와 타쯔가 테다시로 많이 버려지니 비교적 알아보기 쉬울 겁니다. 그 이외의 손역 중 상대가 어떤 걸 노리고 있는지를 추리하는 포인트는 부자연스러운 버림패나 울기입니다.

예를 들어 또이또이의 경우엔 🀟을 초반에 버렸는데 🀛을 퐁, 🀓을 초반에 버렸는데 🀐을 퐁하는 등 양형 타쯔였던 🀟🀛🀛이나 🀐🀐🀓 등의 부분이 또이쯔로 고정되었다면 또이또이의 가능성이 높다고 읽을 수 있습니다.

초반에 🀓을 버린 사람이 상가가 버린 🀒에 🀐🀐을 더해서 치한 경우엔 어떨까요? 보통 리치를 목표로 하는 순서라면 🀐🀐🀓에서는 🀐을 버릴 겁니다. 그러지 않았다는 건 '🀐🀑🀓'이 아니라 '🀐🀑🀒'의 슌쯔가 필요한 손역이었다는 뜻. 즉 123의 삼색동순, 만수패의 일기통관, 찬타 중 하나라고 읽을 수 있습니다.

144

■ 손역을 읽을 수 있다면 타점도 읽을 수 있다!

울어서 화료하는 역 중 투 톱, 역패와 탕야오는 둘 다 울어도 1판 역입니다. 또한 찬타와 삼색동순, 일기통관 등도 울었다면 똑같이 1판입니다. 즉 이 손역의 타점을 결정하는 건 가지고 있는 도라의 수입니다. 상대가 탕야오나 역패로 울었다면 도라를 몇 장 가지고 있는지를 생각해봅시다.

본인의 손패가 1000점밖에 되지 않을 때 8000점의 손역에 대항해 공격하는 건 하이 리스크 로우 리턴이고, 상대의 손역이 1000점이라고 읽었을 때 본인의 손패가 3900점이라면 싸우기에 충분합니다. 방총했을 경우와 본인이 화료했을 때의 타점 차이는 공수 판단의 중요한 판단 재료입니다.

가장 읽기 쉬운 경우는 도라가 1, 9, 자패일 때의 탕야오입니다. 적도라가 한 장도 없으면 1000점이라 눈에 보이는 적도라의 장수를 세면서 상대의 타점을 좁힐 수 있습니다. 본인의 눈에 적도라가 2장 보인다면 상대의 탕야오는 1000~2000점, 어느 정도 강하게 공격할 수 있습니다.

또한 본인의 손안에 도라안커가 있다면 도라가 2~8패일 때라도 상대는 최대한 도라를 1장밖에 쓸 수 없습니다. 이건 역패 상대로도 마찬가지입니다만 본인이 도라를 많이 가지고 있을 땐 상대의 탕야오, 역패의 타점은 대부분의 경우 낮다고 읽을 수 있습니다. 또한 도라를 퐁한 사람이 없을 때도 도라가 머리가 아니라고 읽을 수 있으니 예상 타점이 조금 내려갑니다(다만 이미 도라가 머리인 텐파이를 해서 패스한 경우도 있으니 과신은 금물입니다).

마찬가지로 도라가 4~6패일 때의 찬타 울기도 대부분의 경우 1000점이라고 읽을 수 있습니다. 도라를 쓸 수 없는데 더해 찬타의 경우엔 적도라도 쓸 수 없으니 탕야오, 역패보다 더욱 높은 정밀도로 타점을 읽을 수 있습니다.

이처럼 본인의 눈에 보이는 도라가 많으면 많을수록, 상대의 울기에 쓸 수 있는 도라가 적을수록 울기를 한 상대의 예상 타점은 적습니다.

반대로 본인의 손패에도 타가의 버림패에도 도라가 보이지 않을 땐 위험신호! 마작엔 도라4장과 적도라3장, 합계 7장의 도라가 있습니다. 이게 타가 세 사람이 균등하게 가져갔을 때를 생각하면 상대는 역패 1판 +도라 2~3 클래스의 손역이 될 가능성이 충분히 있습니다. 본인의 손에 도라가 한 장도 없을 땐 평소보다 일찍 내리는 판단을 하는 게 무난합니다.

또한 상대의 타점을 읽을 수 있는 특수한 경우로서 '첫 번째 역패를 패스하고 바로 버린 두 번째를 퐁한 상대'는 타점이 낮다고 읽을 수 있습니다.

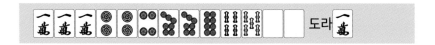

도라를 2~3장 가진, 예를 들어 이런 손패에선 첫 장째 백도 기뻐하며 퐁을 하고 싶습니다. 이걸 근거로 추리하면 '첫 번째 버린 역패를 패스했다' 라는 건 도라를 0~1장 정도밖에 가지고 있지 않아서 타점이 없다는 사인! 가능하다면 멘젠으로 타점을 만들고 싶었지만 두 번째가 나와버려서 어쩔 수 없이 퐁을 한 타점이 낮은 역이라고 추리할 수 있습니다.

예를 들어 이런 손패에선 첫 번째 백은 패스하고 멘젠 리치를 목표로 하고 싶습니다.

울기를 한 상대에게 경계할 땐 대기보다 먼저 '손역'과 '타점' 읽기를 실천해봅시다!

상대가 울면 대기패를 「구역」으로 읽는 거다!

마지막으로 소개할 내용은 기다리시던! 울기를 한 상대의 대기패를 구체적으로 좁히는 추리 방법을 소개하겠습니다.

구체적인 예시가 있는 게 설명하기 편하니 실제로 울기를 한 타가의 손패를 보면서 읽어봅시다. 남가의 대기패는 무엇일까요.

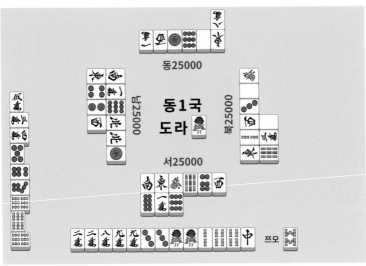

남가의 2번째 은 테다시
 도 테다시
 을 치하고 를 버림

단서① 또이쯔 버리기

물론 갑자기 대기패를 바로 읽긴 힘듭니다. 대기패를 읽기 위해서는 우선 손역부터 추리해야만 합니다. 상대의 손역은 역패인지 탕야오인지 부로 멘쯔를 보기만 해선 아직 판단할 수 없습니다. 하지만 초반에 북을 또이쯔 버리기를 한 게 주목 포인트입니다. 만약 손안에 中中北北이 있었다면 이 걸 최종형으로 하고, 또한 타가가 리치를 선언했을 땐 北을 안전패로 쓰기 위해 北 또이쯔는 남겨뒀을 겁니다. 그러지 않았다는 건 北 또이쯔가 있으면 화료할 수 없는 손역을 노리고 있다고 추리할 수 있습니다. 즉 이 울기 는 역패 back이 아니라 탕야오입니다.

단서② 테다시 타쯔 버리기

🀡🀡이라는, 탕야오라면 남겨둘 수도 있는 우형 타쯔를 손안에서 버렸 으니 남아있는 대기는 간짱 🀥보다 좋은 대기라고 읽을 수 있습니다. 또한 타쯔 버리기를 한 후 3부로를 했고, 안전패를 버렸기에 우선 텐파이했다고 읽을 수도 있습니다.

여기까지의 힌트에서 '손역은 탕야오, 대기는 간짱 🀥보다 좋은 대기'라 고 읽을 수 있습니다. 드디어 대기패를 좁혔습니다.

■ 울기 읽기의 기본은 구역 나누기!

대기패 읽기의 기본은 구역을 좁히는 것입니다. 구역이란

만수패, 통수패, 삭수패의
아래(1-4, 2-5), 중간(3-6, 4-7), 위(5-8, 6-9)

이 두 가지의 조합입니다. 즉 구역은 3X3으로 9가지가 있습니다.
이 아홉 개의 구역 중 우선 부로한 멘쯔가 포함된 구역을 제외합니다.
그 이유는 부로한 멘쯔와 같은 구역의 대기가 남아있는 경우는 거의 없기

때문입니다. 하나의 구역에서 울어서 2멘쯔를 만들려고 하면 예를 들어 [萬萬萬萬]에서 [萬]을 치해서 [萬萬萬萬]을 만드는 등 '쿠이노바시', [索索索 索] [索] 같은 모양에서 [索]을 치하고 또 하나의 [萬萬] 대기를 하는 니도우케의 모양이 필요합니다. 실전에서의 출현율이 낮으니 기본적으로는 부로한 멘 쯔와 같은 구역의 대기패는 남아있지 않다고 상정하며 추리합니다.

만수패	아래	중간	위
통수패	아래	중간	위
삭수패	아래	중간	위

색을 칠한 부분은 대기 후보로서 제외

앞의 울기를 보면 [萬三四]과 [筒筒筒]과 [索索索]을 울었으니 만수 패의 아래와 통수패의 중간, 삭수패의 중간을 제외하고 남은 여섯 구역으 로 좁힐 수 있습니다.

이어서 이 '같은 구역엔 대기패가 없다'라는 추리의 연장선으로 부로에 의 해 드러난 두 개의 수패가 포함된 구역도 대기에서 제외합니다.

예를 들어 [五萬]을 [三四萬]으로 치한 사람은 같은 구역의 만수패의 아래, [二萬]과 [一四萬]만이 아니라 [三萬]이 대기가 되는 [三六萬]·[四萬]이 대기인 [四七萬] 두 개의 스지가 포함되어 만수패의 중간도 대기에서 제외할 수 있습니다.

그 이유는 [三六萬] 대기를 남겨두기 위해선 [三四四五萬]에서 [五萬]을 치해서 쿠이노바시를 해야 하지만 [一四萬] 대기를 남겨두기 위해선 [三四五六萬]에 서 쿠이노바시를 해야 하기 때문입니다.

여기에서 주의할 포인트는 부로에 의해 손패에 들인 [五萬]이 포함된 [五八萬]

의 대기패는 아직 제외할 수 없다는 점입니다. 三萬四萬六萬七萬이라는 五萬을 2번 뽑아야 하는 모양을 전혀 부정할 수 없기 때문입니다.

 가능성이 낮다고 읽을 수 있는 건 손안에서 나온 三萬과 四萬이 포함된 구역뿐이라는 걸 기억해두세요.

 또한 二索을 퐁했으니 二索二索, 二索二索의 삭수패 위쪽이 대기로 남아있을 가능성도 굉장히 낮아졌습니다. 二索을 퐁하고 二索二索 대기패를 남겨두기 위해선 二索二索二索二索에서 二索을 퐁하는 쿠이노바시를 해야 하고, 二索二索 대기를 남겨두기 위해선 二索二索二索二索에서 二索을 퐁하고 탕야오의 二索 카타아가리 모양을 남기는 것도 부자연스럽습니다.

 퐁한 수패에 걸친 양면 대기와 퐁한 수패 자체가 대기가 되는 양면 대기도 읽기에서 제외합니다.

 이제 만수패의 중간, 통수패의 위, 삭수패의 위도 제외되어 남은 대기 후보는 만수패의 위, 통수패의 아래, 삭수패의 아래 세 구역이 되었습니다.

 이어서 '버린 타쯔'에 주목합시다.

 이번엔 五筒→六筒 순서로 간짱 五筒을 제외한 게 포인트입니다. 五筒 대기패를 남겨둔 간짱 버리기에는 六筒五筒五筒六筒이 있습니다만, 일반적으로는 이 경우 六筒→五筒의 순서로 버립니다. 즉 통수패 아래쪽 대기패가 사라졌습니다. 그리고 타쯔의 테다시는 버린 타쯔보다 좋은 대기가 손안에 있다는 사인입니다. 즉 간짱 五筒보다도 나쁜 대기인 七萬八萬의 六萬 카타아가리와 四索四索의 四索 카타아가리도 제외했습니다.

 이제 남은 건
• 만수패의 위 六萬九萬이 사라져서 五萬八萬 뿐)
• 삭수패의 아래 (四索四索이 사라져서 四索四索 뿐)
이 두 가지까지 좁혔습니다.
마지막으로 '울기를 한 사람의 상가의 버림패'에 주목합시다.

무려! 八萬을 버렸습니다! 六萬七萬이라는 타쯔가 있었다면 치했을 패. 이걸 울지 않았다는 건 즉 伍萬八萬 대기는 손안에는 없다고 읽을 수 있습니다. 이제 아홉 개의 구역 중 만수패의 위, 그리고 삭수패의 🀐🀑은 제외되어 🀑🀒만이 남았습니다. 울기를 한 사람의 대기는 거의 🀑🀒🀓이라고 읽을 수 있습니다!

 이런 식으로 아홉 개의 구역에 대기를 나눠 조금씩 대기를 좁혀서 특정하는 게 마치 남아있는 단서를 모으며 점점 범인을 좁혀가는 명탐정이 된 것 같아서 즐겁습니다.

 처음엔 갑자기 아홉 개의 구역으로 생각하는 건 어려울지도 모르니 '만수패, 통수패, 삭수패' 세 구역부터 시작해보는 게 좋습니다.

「마작을 매료한다」란 무슨 뜻일까?

　이 몸은 마작 자체는 오래 해왔으나 '마작을 보여주는 것'에 대해서 진지하게 마주한 건 VTuber로서 마작을 하게 된 후였다.

　다른 사람이 지켜보는 중에 마작을 하는 경험이 손에 꼽을 수 있을 정도밖에 없었던 이 몸에게 있어선 모든 게 처음이라 감을 잡기에 벅찬 상태. 지금까지 내가 즐기기 위해 마작을 해왔던 한 마리 카라스텐구는 '내 마작을 보고 사람들이 즐거워하려면 어떻게 해야 할까?'라는 의문을 처음으로 직면하게 된 것이다.

　예를 들어 '개성적인 마작'은 어떠냐?

　마작에 있어 개성이란 예를 들어 공격형과 수비형, 타점형과 속도형 등의 분류를 할 수 있다. 하지만 그걸로 캐릭터성을 드러내기엔 시청자에게 어느 정도 마작력을 요구하게 되어 내 방침과 그리 잘 맞지 않다는 생각이 든 것이다.

　그리고 마작이란 익숙해질수록 개성을 드러내기 힘든 게임이기도 하다. 사람을 읽고 시간을 읽는 등 디지털화가 힘든 부분을 제외하면 마작은 통계 데이터와 학률에 근거한 이론이 굉장히 강력한 경기. 어떤 작풍이든 수준 높은 작사일수록 베타오리의 순서는 비슷해지고, 평면적으로 '무엇을 버릴까'는 정확한 패의 효율에 근거한 타패를 하게 되는 것이다.

　이런 이유에서 작풍만으로 개성을 드러내기 힘들다고 판단했다.

 게다가 마작은 '강함'만으로 개성을 드러내기도 힘든 것이다. 예를 들어 FPS나 격투 게임, 바둑, 장기와 같은 경기의 일류 플레이어는 플레이 영상으로 10연승, 100연승을 보여주는 것도 가능하다.
 하지만 그럴 수 없는 게 마작이라는 것. 초일류 작사도 1위율이 50%를 넘는 경우는 굉장히 드물다. 게다가 마작의 성적에는 호불호가 생기는 것. 안정된 결과를 낼 때까진 수천 반장을 요구한다고도 하지.
 애초에 처음 채널을 봐준 시청자가 1반장 대국을 전부 보는 것 자체가 굉장히 드물다. 첫 10초 이내에 시선을 끌지 못한다면 무수히 많은 다른 YouTube 채널로 떠나버릴 것이다.
 그리고 그 사람은 어쩌면 두 번 다시 오지 않을지도 모른다! 그렇게 되면 그 1반장, 혹은 단 1국이 그 사람에게 있어 '센바 쿠로노'의 모든 것이 되어버리는 것이다!

 즉 이기든 지든 1국에서 '센바 쿠로노의 마작'을 보여줘야만 하는 것이다. 승부사인 마작에 있어 이기고 지는 게 아니라면 무엇을 보여줄 수 있을까? 그리고 이 몸은 마작을 통해 무엇을 전하고 싶은 걸까? 그건
 '승부와 마주하는 자세'와 '타패의 의도'
 이 두 가지다!

 '승부와 마주하는 자세'란 이기고 지는 데 상관없이 마작 그 자체

를 즐기는 마음, 대전 상대를 향한 경의를 가지는 것이다!

이기면 기쁘고 지면 시시한, 그런 생각도 당연히 들 것이다. 하지만 가끔 불합리하게 지는 경우가 있는 것도 마작의 면모라고 받아들이고 즐거워하는, 같은 탁자에 감사하는 자세를 보이는 것이야말로 이 몸이 하고 싶은 일이고, 그게 마작에 관심을 가지게 되는 지름길이라고 생각한 것이다.

논어의 한 구절에 '아는 것은 좋아하는 것만 못하고, 좋아하는 것은 즐거워하는 것만 못하다'라는 말이 있다. 이건 무슨 일이든 진심으로 즐거워하는 사람이 제일이라는 의미의 말이다. 이 몸은 늘 이 말을 체현할 수 있는 작사이고 싶다는 마음가짐인 것이다.

'타패의 의도'란 한 타 한 타를 어떤 생각으로 진행하는지 이해하기 쉽게 설명하는 것이다.

프로의 방송 대국에선 사담을 금지하는 건 물론이고 동료들끼리 대국을 해도 매번 생각을 설명하는 작사는 거의 없지 않으냐? 타패의 의도를 실시간으로 드러내는 건 그 자체로 엔터테인먼트가 된다고 생각하는 것이다.

초심자분들에게도 마작을 이해하기 쉽게 설명하는 동시에 상급자분들에게도 나는 이렇게 마작을 한다는 걸 드러낼 수 있다. 또한 댓글로 질문이 있으면 바로 반응할 수 있는 것도 VTuber의 강점이라고 생각한다. 생각을 적극적으로 말로 하려는 것이다.

고립패를 비교한다면……

一萬 三萬 四萬 伍萬 ●●● [pin tiles] [sou tiles] 쯔모 ●●

'쿳츠키 텐파이 이샨텐이다! 一萬, ●, [sou tiles] 중 하나를 붙

여서 5블록을 만들어야 하는 모양인 것이다. 三萬四萬伍萬의 슌쯔 옆에

있는 一萬은 二萬을 뽑아서 양면 대기, 二萬六萬을 뽑아서 간짱이 되기

때문에 단독에 고립된 ● 보다 강하니 여기에선 一萬을 남겨두고 ●

을 버리는 것이다!'

리치에 대해 자패를 버릴 때도……

二萬 二萬 四萬 六萬 八萬 ●● [pin] [sou tiles] [風牌] [ ] 發

'현물이 없으니 [ ]이나 發 중 하나를 버리는 것이다! 본인의 눈

에 [ ]백이 한 장 보이는 만큼 發이 뒷도라가 될 가능성은 [ ]이 뒷

도라가 될 가능성보다 낮다. 방총률은 같아도 방총 시의 평균 타점

이 약간 낮으니 發을 버리는 것이다'

이런 식인 것이다. 이 두 가지를 항상 마음에 담아두고 VTuber 데

뷔를 했을 때를 생각하며 앞으로도 이 스타일을 더욱 갈고 닦고 싶

은 것이다.

물론 그렇다고 해서 이기고 지는 게 아무래도 상관없다는 건 전혀

아닌 것이다!

연예계에서 도는 말 중 '본인의 스타일이 있는 사람이 틀을 깨면 『파격적』이고 본인의 스타일이 없는 사람이 틀을 깨면 『형편없음』' 이라는 말이 있다. 그건 마작에 있어서도 VTuber에 있어서도 할 수 있는 말이라고 생각하는 것이다.

'기본적 틀을 확실하게 익히고 기술을 연마하여 승률을 높이는 최대한의 노력을 한 후에 승패에 연연하지 않고 즐긴다!'라는 마작, 영상 스타일에 다다른 건 이 사고방식에 근거한 것이다.

이 몸의 마작을 평가하여 '센바 씨의 마작은 『마작도(麻雀道)』구나. 이겨도 져도 센바 쿠로노야.'라는 말을 해주시는 분이 있고, 그게 진심으로 기뻤던 걸 기억한다.

이 몸을 여기까지 키워준 마작에 보답하기 위해선 뭘 해야 할까? 지금도 매일 밤 생각하는 것이다.

아직 수행 중인 몸이라 이 몸의 힘은 미미하지만 과거와 미래를 연결할 만한 마작을 하도록 매일 정진할 생각이다.

모쪼록 앞으로도 잘 부탁한다!

제 **5** 장

등수를 조절하는 기술

규칙마다 다른 중요한 「순위점」

대국 중엔 점수봉을 주고받으며 순위를 경쟁합니다. 그러나 국이 끝났을 때 가진 점수봉이 그대로 점수가 되는 건 아닙니다. 순위에 맞는 보너스가 가산, 감산됩니다.

예를 들어 3만 점을 가진 1등과 3만 점을 가진 2등은 받을 수 있는 점수가 전혀 다릅니다. 이 보너스를 순위점이라고 하며 마작의 경기성을 더욱 높이는 요소입니다.

따라서 종반엔 본인의 순위를 의식해서 윗순위를 노리거나 아래로 떨어지지 않도록 하는 선택이 중요합니다.

이 순위점의 크기는 규칙에 따라 다릅니다. 예를 들어 이런 점수로 대국을 끝낸 후 대표적인 각 규칙에선 이하와 같은 점수 집계를 합니다.

1위 40000점 2위 25000점 3위 20000점 4위 15000점일 때

	M 리그	일반적인 마장	천봉	작혼
1위	+60	+50	+90	+140
2위	+5	+5	+45	+65
3위	-20	-20	0	-10
4위	-45	-35	-135	-200

천봉, 작혼은 각각 봉황탁 7단, 옥탁 작호★1의 경우

원점수가 1000점당 1포인트로 계산하면 2위 → 1위의 가치는 3만~4만 점 상당! 이건 역만의 원점수에 필적하는 큰 점수입니다(또한 인터넷 마작

인 천봉은 독특한 점수 집계 방법을 채용하고 있어서 원점수는 최종 점수에 전혀 영향을 미치지 않습니다).

■ 「역만보다 가치 있는 2000점」이 있다!

이 순위점이 있기에 종반은 손패 만들기나 대기 선택 판단도 달라집니다.

6순 도라

이런 텐파이를 했을 때 다른 국에선 도라인 을 버리고 화료하기 쉬운 양면 대기를 하는 게 좋습니다. 화료하기 쉬운 1000점과 화료하기 힘든 2000점이라면 타점 상승폭이 적어서 화료하기 쉬운 쪽으로 유효패를 남기는 게 자연스럽습니다.

여기에

남4국 5순 1위 : 37000점 2위 (본인) : 35100점

이라는 조건을 더하면 어떨까요?

2만을 버리고 화료한 경우 : 36100점으로 2위

5만을 버리고 화료한 경우 : 37100점으로 1위

가 되어 5만을 버리고 화료한 경우엔 순위가 하나 올라가니 '2000점 + 1위의 순위점'을 받을 수 있습니다. M리그 규칙에서 점수 집계를 하면 무려 42000점 상당! 역만의 원점수만큼이나 높은 가치가 있습니다. 순위 상

승을 노릴 수 있는 오라스는 적극적으로 역전 조건을 충족할 수 있는 손패를 노립시다.

또한 화료하면 1위인 상황과 순위 상승을 할 수 있는 역이 있는 텐파이를 하면 기본적으로는 다마텐을 합니다. '다마텐으로도 화료할 수도 있지만 모두가 내리면 좋겠다!'라고 리치를 선언하고 싶을지도 모릅니다. 그러나 오라스는 다른 사람들도 순위 상승을 목표로 하기에 다른 국과는 다른 공수 판단을 해야 합니다. 쯔모기리를 계속해야만 하는 리스크에 더해 리치봉의 1000점으로 타가의 역전 조건이 쉽게 변하는 경우도 있으니 오라스의 리치 판단은 더욱 신중하게 합시다.

■ 톱 취득 규칙과 라스 회피 규칙

1위를 톱, 4위를 라스라고 부르기도 합니다. 조금 전의 표를 보고 깨달은 분도 계실 수 있겠네요. 경기 규칙과 마장 규칙과 온라인 마작 규칙은 순위점 배분이 크게 다릅니다. 전자는 톱 취득 규칙, 후자는 라스 회피 규칙이라고 부릅니다. 톱 취득 규칙의 경우 플러스는 거의 1위가 전부 가져갑니다! 1위와 4위를 번갈아 해도 플러스는 점점 늘어나서 어떻게 해서든 1위를 하는 게 중요한 규칙입니다. 또한 3위와 4위 사이에는 그다지 차이가 없는 것도 특징입니다.

그에 비해 라스 회피 규칙이란 마이너스를 4위가 거의 전부 짊어지게 됩니다. 3위와 4위의 마이너스의 차이가 큰 게 이 규칙의 특징으로, 2위의 플러스도 상당히 많습니다. 따라서 어쨌든 4위를 하지 않으면 포인트는 자연스레 늘어납니다.

온라인 마작이 이런 4위 회피를 중시하는 규칙이 된 건 확실한 이유는 모르겠지만 초반에 크게 점수봉을 번 플레이어가 나왔을 때 '3위든 4위든 마이너스는 별로 다르지 않으니까…….'라며 열세 플레이어가 대국에서 퇴출하는 것을 막기 위해 3위와 4위의 가치에 큰 차이를 둘 필요가 있었던 게 아닐까? 하는 설이 유력합니다.

오라스에선 순위 상승 손패를 만드는 거다!

오라스의 화료로 순위가 결정되기 때문에 굉장히 중요합니다. 어떤 규칙이든 한 순위에 2만 점~5만 점 상당의 순위점이 설정되어서 상위 순위를 목표로 하거나 현시점의 순위를 지키면 큰 포인트를 얻을 수 있습니다.

우선 상위 순위를 목표로 할 때인지, 아니면 현시점의 순위를 지켜야 하는지 방침을 결정하는 기준을 알아봅시다.

■ 이런 때엔 상위 순위를 목표로 한다!

아래의 조건 중 하나를 만족할 땐 순위 상승을 목표로 하는 게 좋습니다.

- **만관 쯔모를 하면 역전할 수 있을 때**
- **순위가 하나 아래인 사람이 만관 쯔모를 해도 순위가 역전되지 않을 때**
- **본인이 4위일 때**

우선 첫 번째의 '만관 쯔모를 하면 역전할 수 있을 때'. 이건 라이벌이 자일 경우 10000점 차이 이내, 라이벌이 친일 경우 12000점 차이 이내일 때입니다. 만관 쯔모라고 하면 어렵게 느껴지실지도 모르겠지만 '리치, 쯔모, 도라, 뒷도라1' 등으로도 채울 수 있으니 실은 나름대로 노려서 만들 수 있는 역전 조건입니다.

라이벌이 이 역전 범위 내일 땐 적극적으로 역전을 노려봅시다.

이런 손패에선 멘젠 상태로 텐파이에 도착하면 리치, 탕야오, 적도라1의 5200점이 되어 역전 조건을 채울 수 있습니다. 모양만 보면 간짱 나 은 울고 싶을지도 모릅니다. 하지만 2위 → 1위의 가치가 5만 점인 규칙일 경우 원점수에 순위점을 더하면 울었을 때 2000점, 멘젠으로 화료할 때 55200점, 25배 가까이 차이가 납니다. 간짱을 울어도 2화료가 25배 쉬워지진 않으니 기대치를 고려하여 패스하는 게 좋습니다.

두 번째인 '순위가 하나 아래인 사람이 만관 쯔모를 해도 순위가 역전되지 않을 때'.

이건 마작의 화료 전체에 있어 하네만 이상의 역의 출현율이 낮기 때문입니다. 이만큼 리드했을 땐 역전당할 확률은 크게 내려가니 다소 손패의 재료가 엉망이어도 천천히 패를 만들어 역전을 목표로 하는 게 좋습니다.

(반대로 만관 쯔모로 역전당할 만한 점수 차이로 본인의 손패가 윗순위를 목표로 하기 힘들 땐 순위 유지로 전환합시다)

마지막 세 번째인 본인이 4위일 때. 4위 확정 화료를 하는 건 큰 순위점 마이너스를 받아들인다는 뜻입니다. 원점수를 버는 가치밖에 없습니다. 역전 조건이 현실적이지 않을 땐 '손해 절감'을 위해 어쩔 수 없이 타점이 낮은 빠른 화료를 하는 경우도 있으나 기본적으로 4위일 땐 한 순위라도 올릴 수 있는 손패를 목표로 합시다.

또한 한 순위라도 순위 상승을 할 수 있다면 원점수로서 20000점 이상의 가치가 있으니 한 순위 상승 가능성이 있는 상황이라면 감지덕지! '지금 론을 하면 4위에서 3위가 될 수 있지만 론을 패스하고 쯔모를 하면 2위를 할 수 있으니까……'라는 생각에 패스하면 화료를 놓쳤을 때의 손실이 지나치게 크니 한 순위라도 상승할 수 있는 상황이라면 무리하지 않고 화료합시다.

■ 이런 땐 순위 유지를 목표로 한다!

이어서 순위 유지를 목표로 할 땐 아래의 조건 중 하나를 만족했을 때입니다.

- **윗순위와 점수 차이가 어느 정도 나고 아랫순위와 점수 차이가 가까울 때**
- **본인이 1위일 때**

'윗사람과의 점수 차이가 어느 정도 나고 아랫사람과의 점수 차이가 가까울 때'란 예를 들어 이런 점수봉 상황일 때입니다.

1위 39000점
2위 27000점 (본인)
3위 26500점
4위 7500점
이런 상황에선 1위를 목표로 열심히 하네만 손패를 만들어도 3위가 재빨리 1000점을 화료하면 20000점의 순위점을 잃게 됩니다.

'본인의 손패가 똑바로 나아가도 역전 조건을 채우긴 힘들다' + '아랫순위와의 점수 차이가 가까울 때'는 본인의 순위 상승 성공률보다도 라이벌이 순위 상승 조건을 채울 가능성이 높으니 목표를 순위 유지로 바꿔야 합니다.

이 '점수 차이가 가깝다'란 3900점 차이 이하일 때를 가리킵니다. 리치, 핑후, 도라1이나 리치, 쯔모, 도라1, 울기를 한 탕야오, 도라2 등 역전 조건을 달성한 패턴의 화료가 많고, 게다가 유국 시의 텐파이, 노텐으로 좁힐 수 있는 점수 차이가 4000점이기에 역전을 목표로 해서 먼 역전 상대를 노린 결과 텐파이조차 하지 못하고 순위 하락…… 이런 경우가 생기기 때문입니다. 본인이 1위일 땐 설명이 필요 없습니다. 여기에서도 역시 3900점 차이라는 조건이 첫 번째 기준입니다. 화료를 해서 1위를 확정하는 게 가장 쉽지만 점수 차이가 4000점 이상 나면 텐파이, 노텐으로도 이길 수 있으니 유국 시의 텐파이를 억지로 대비할 필요도 없습니다. 수비 자세로 진행해도 괜찮습니다.

또한 가진 점수에 더욱 여유가 있다면 타점이 낮은 화료를 목표로 하는 타가에게 일부러 방총을 당하는 사시코미도 가능합니다.

만관 쯔모의 영역을 의식하는 거다!

오라스에 역전을 목표로 해야 할까요, 순위 유지를 목표로 해야 할까요. 그 기준이 되는 선은 '만관 쯔모'라고 말씀드렸습니다. 만관 쯔모라면 자에겐 2000점, 친에겐 4000점을 받을 수 있고, 총 8000점을 받게 됩니다. 즉 라이벌과의 점수 차이가 10000점 차이 미만(라이벌이 친이라면 12000점 차이 미만)이라면 역전을 노린다! 라는 게 하나의 기준입니다.

만관 쯔모 조건 이상으로 점수 차이가 벌어지면 역전의 조건이 '하네만을 화료한다'나 '라이벌에게 고타점을 직격한다'가 되어 난이도가 상당히 올라가니 그땐 순위가 아래인 상대에게 역전을 허락하지 않도록 순위 유지를 목표로 하는 게 좋습니다.

■ 만관 쯔모 만드는 방법

확정으로 만관이 되는 역, 예를 들어 '리치, 쯔모, 탕야오, 도라1'이 되는 손패가 적절하게 만관 쯔모 조건의 오라스에 들어오는 경우는 거의 없습니다. 하지만 '만관 쯔모가 될 가능성이 있는 손패'라면 실은 빈번하게 찾아옵니다. 즉 '리치, 도라1'입니다.

예를 들어 만관 쯔모로 역전할 수 있는 오라스에 이런 텐파이를 했을 때입니다.

🀊🀋🀠🀡🀤🀥🀦🀛🀐🀑🀒🀖🀏🀏 쯔모 🀙

이대로는 '리치, 도라1'인 손패입니다. 일단 다마텐을 하고 🀋을 뽑아 양면 대기가 되거나 🀠을 뽑아 탕야오 변화로 바꾸면 리치를 하자! 라고 생각하며 만관 쯔모의 조건으로 다마텐을 하고 싶으신 분이 계실지도 모릅니다. 하지만 이 손패도 실은 만관 쯔모가 될 가능성을 숨기고 있습니다!

'4판이 필요한데 2판짜리 손패로 리치를 해도 될까? 절반도 안 되잖아!'라고 생각하셨나요?

이 손패를 리치를 해서 쯔모한 경우엔 '멘젠 쯔모' 1판은 확실하게 가산되고, 게다가 우발역이 붙을 가능성도 있습니다.

우발역이란 일발과 뒷도라일 때를 가리킵니다. 이 두 가지 우발역의 출현율은 '일발'은 약 10%, 그리고 '뒷도라'는 약 38%. 즉 둘 중 무언가가 붙을 확률은 약 44%입니다.

'리치 +1판의 손패를 목표로 하고 리치를 선언해서 쯔모한 후 44%의 우발역 출현율에 건다'라는 게 만관 쯔모 조건일 때의 타법입니다.

■ 남3국부터는 「결산 맞추기」

그러기 위해선 남3국 타법도 중요합니다. 그 이유는 남3국 종료 시점에 라이벌과의 점수 차이가 10000점 미만이 되도록 화료를 해야 드디어 오라스의 현실적인 역전 조건이 발생하기 때문입니다. '남2국까지는 자유 연기, 남3국부터는 규정 연기'라는 말이 있는 이유는 남3국부터는 이런 순위와 점수 차이를 의식해서 상대들이 패 만들기를 하게 되기 때문입니다.

4위로 맞이한 남3국에 이런 패가 되었을 때를 생각해봅시다.

남3국 서가 7순 도라 🀈

🀈🀉🀊🀍🀏🀏 🀢🀢🀣 🀙🀙🀙 ⬜⬜

상가가 ⬜을 버렸을 때 이 ⬜을 울어야만 할까요? 퐁해서 🀍 버리면 한 걸음 앞으로 나아갈 수 있지만 타점은 2000점으로 거의 확정됩니다. 서로 다른 점수봉 상황 두 가지를 예상해서 생각해봅시다.

상황①
1위 : 50000점
2위 : 30000점
3위 : 15700점
본인 : 4300점
(라이벌과 11400점 차이)

이런 점수봉 상황이라면 2000점을 화료하면 오라스의 점수 차이는 9400점. 역전의 기준인 '만관 쯔모'로 3위로 상승하는 조건을 만족하므로 ⬜을 퐁해서 전력으로 빠른 화료를 향하는 게 좋습니다.

그럼 이 점수봉 상황은 어떨까요?

상황②
1위 : 50000점
2위 : 30000점
3위 : 16800점
본인 : 3200점
(라이벌과 13600점 차이)

  이런 점수봉 상황에선 ☐을 울어서 2000점을 화료해도 오라스의 점수 차이는 10000점 이상! 역전 조건은 '하네만 이상의 화료'가 됩니다. 남3국의 목표는 오라스에 '만관 쯔모'로 역전할 수 있는 점수 차이까지 라이벌과의 거리를 좁히는 것. 즉 목표는 3900점 이상의 화료입니다. 여기에선 ☐을 울고 싶은 마음을 꾹 참고 리치, 핑후, 도라1이나 리치, 역패, 도라1 등의 화료를 목표로 하는 게 역전으로 가는 길입니다. 🀫이나 🀡, 도라 🀏 등을 뽑아서 울어도 3900점 이상을 내다볼 수 있는 손패가 되었을 때만 ☐을 퐁하는 게 좋습니다.

점수 상황으로 공수 판단을 바꿔라!

오라스는 그 국이 끝난 시점의 순위가 그대로 반장의 순위가 되는 특수한 국입니다. 순위점은 한 순위마다 원점수에 20000점 이상의 가치가 있으니 남4국의 1000점이 동1국의 2배 이상의 가치를 가진 상황도 있습니다. 오라스의 공수 판단을 연습하여 순위에 능숙한 사람을 목표로 합시다.

기본적인 방침은 만관과 하네만을 방총해도 순위가 떨어지지 않는 점수봉 상황이라면 리스크를 두려워하지 않고 공격할 수 있고, 라이벌과 1000점 차이로 경쟁하는 상황에선 더욱 섬세한 공수 판단과 내리기가 필요합니다.

따라서 한 순위 아래의 상대와의 점수 차이에 여유가 있다면 공격을 하고 점수 차이가 적으면 수비를 한다는 점을 기억하세요.

■ 점수 차이에 여유가 있을 때의 공수 판단

예를 들어 점수봉에 여유가 있는 1위라면 자에겐 방총당해도 1위를 지킬 수 있습니다.

동가:21000점
남가:50000점(본인)
서가:15000점
북가:14000점

남4국 남가 도라

북가가 리치를 선언한 일발 순서에 지나가지 않은 을 쯔모했습니다. 우형이 남은 샨샨텐이라 일반적인 국에선 내리기를 고려할 손패입니다. 하지만 여기에서 현재 점수봉 상황을 확인하고 공수 판단을 한 번 더 생각해볼까요. 본인이 화료하면 물론 1위이고 북가에겐 배만을 방총당해도 본인은 1위를 유지할 수 있습니다. 여기에선 본인의 화료를 목표로 을 버립니다. 버림패로 북가에 방총당한다면 그래도 괜찮고, 본인이 화료를 한다면 그것도 괜찮다는 방침으로 진행하는 게 좋습니다.

그럼 같은 국에서 순이 더 진행되어 친도 추격 리치를 선언했습니다.

남4국남가 도라

두 명의 리치에 대해 지나가지 않은 을 쯔모했습니다.

친의 현물은 북가의 현물은 , 두 사람의 공통 안전패는 이 있다고 하면 이번엔 공격과 수비, 어느 쪽이 좋을까요?

여기에선 친에게 대해서만 내린다'가 좋은 선택입니다. 친에게 방총당하면 오라스가 계속되기 때문입니다. 그에 비해 북가에게 방총을 당하면 다소 원점수를 잃긴 하지만 1위를 지킬 수 있습니다.

즉 여기에서 을 버리고 친에 대한 방총의 리스크를 감수해선 안 됩니다. 그럼 두 사람 모두에게 안전한 🀡을 버려야 할까요. 그래선 북가의 화료로 1위 유지를 할 수 없을지도 모릅니다. 여기에선 '친의 현물을 버려서 친에게만 내리고 북가에게 잘 방총을 당하면 만만세!'라는 생각으로 🀑을 버리는 게 날카로운 1타입니다.

점수봉에 여유가 있을 땐 자에겐 친절하게, 친에겐 엄격하게 타패를 하는 게 공수 판단의 기본입니다.

■ 점수 차이가 가까울 때의 공수 판단

이어서 점수 차이가 가까울 때의 공수 판단에 대해 생각해봅시다.

동가:14500점
남가:50000점
서가:19000점(본인)
북가:16500점

남4국 서가 도라 🀈

🀉🀉🀋🀟🀠🀡🀢🀣🀄🀄🀆🀅🀅 쯔모 🀅

도라가 2개 있는 이샨텐입니다. 북가가 리치를 선언한 일발 순서에 지나가지 않은 🀅을 쯔모했습니다. 현물은 🀑과 🀡이 있다면 🀅을 버려서 공격하는 것과 현물을 버려서 내리는 것, 어떤 게 좋을까요.

그렇습니다. 여기에선 현물을 버려서 내리는 게 좋습니다. 우형이 남은 이샨텐이라 일반적인 국에서도 판단은 내리는 데 가까운 손패이지만 이번에도 점수봉 상황을 더한 판단을 해봅시다.

우선 이 손패가 멘젠으로 텐파이해서 화료한다 해도 2위입니다. 순위 상승을 바랄 수 없으니 화료 자체의 가치가 굉장히 낮습니다. 게다가 북가에게 방총당하면 높은 확률로 4위가 되니 공격한 경우엔 '드물게 2위, 대체로 4위'입니다.

그에 비해 내려서 북가가 쯔모 화료를 한 경우엔 본인은 3위에 머물 수 있습니다. 또한 본인이 내린다고 해도 남가가 화료를 하거나 동가가 북가에게 방총당해서 2위를 유지할 수도 있습니다. 즉 내렸을 때엔 '드물게 2위. 대체로 3위'입니다.

'드물게 2위'라는 부분이 똑같다면 '대체로 3위'아 '대체로 4위' 부분을 비교해서 '대체로 3위'가 되는 수비 쪽이 유리합니다.

점수 차이가 가까운 상태에서 라이벌에게 선제 공격을 당했을 땐 '한 순위 하락은 어느 정도 어쩔 수 없으니 2순위 이상의 하락만은 피한다'라는 생각을 하면 이런 상황에서 이득이 되는 선택을 하기 쉬워집니다. 게다가 순위 상승을 바랄 수 없는 점수봉 상황이라면 더욱 수비 태세를 유지합시다.

■ 잃을 게 없을 땐 「젠츳파할 순간」

'라이벌과 점수 차이가 가까울 때 기본적으로 수비를 한다'라고 말씀드렸는데요. 예외인 경우도 있습니다.

그건 잃을 게 없을 때! 구체적으로는 '2순위 이상 하락할 리 없는 점수봉 상황일 때'와 '본인이 4위일 때'입니다.

동가:11000점
남가:40000점(본인)
서가:38000점
북가:11000점

남4국 남가 北

1위 경쟁의 라이벌인 서가가 리치를 선언하고, 일발 순서에 무스지인 🀙 을 쯔모했습니다.

안커인 ☐ 을 버리면 안전하게 내릴 수 있겠지만 이 상황의 공수 판단은 공격과 수비 중 어떤 게 유리할까요?

여기에선 라이벌과 점수차가 가까워도 🀙 을 버려서 공격하는 게 좋습니다. 이유는 '방총당해도 2순위 이상 하락하지 않기 때문'입니다.

여기에서 공격할 경우 화료해서 1위를 할 수도 있으며 라이벌이 방총당할 수도 있어서 '가끔 1위, 가끔 2위'입니다. 그럼 내렸을 때 1위를 지킬 수 있는가 하면, '서가가 동가, 북가에게 화료한다', '서가가 쯔모 화료를 한다', '유국을 해서 노텐 벌금을 낸다' 등 다양한 경우에서 1위를 역전당하니 '드물게 1위, 대부분 2위'입니다.

따라서 1위 확률이 더욱 올라가는 공격 선택이 유리합니다. 이처럼 쯔모를 당해도 1순위 하락, 방총당해도 1순위 하락인 점수봉 상황에선 공격의 리스크는 굉장히 적습니다. 이런 점수봉 상황을 '젠츳파할 순간'이라고 합니다.

176

동가:8000점

남가:25000점(본인)

서가:55000점

북가:12000점

남4국남가 도라 北

1위 경쟁의 라이벌인 서가가 리치를 선언하고, 일발 순서에 무스지인 █ 을 쯔모했습니다.

안커인 백을 버리면 안전하게 내릴 수 있겠지만 이 상황의 공수 판단은 공격과 수비 중 어떤 게 유리할까요?

여기에선 라이벌과 점수차가 가까워도 █ 을 버려서 공격하는 게 좋습니다. 이유는 '방총당해도 2순위 이상 하락하지 않기 때문'입니다.

여기에서 공격할 경우 화료해서 1위를 할 수도 있으며 라이벌이 방총당할 수도 있어서 '가끔 1위, 가끔 2위'입니다. 그럼 내렸을 때 1위를 지킬 수 있는가 하면, '서가가 동가, 북가에게 화료한다', '서가가 쯔모 화료를 한다', '유국을 해서 노텐 벌금을 낸다' 등 다양한 경우에서 1위를 역전당하니 '드물게 1위, 대부분 2위'입니다.

따라서 1위 확률이 더욱 올라가는 공격 선택이 유리합니다. 이처럼 쯔모를 당해도 1순위 하락, 방총당해도 1순위 하락인 점수봉 상황에선 공격의 리스크는 굉장히 적습니다. 이런 점수봉 상황을 '젠츳파할 순간'이라고 합니다.

타가(他家)를 이용하는 오라스 전략!

오라스는 본인만이 아니라 타가도 순위 상승과 유지를 노린 타법을 사용합니다. 그걸 이용하여 본인에게 더욱 유리한 선택을 할 수 있습니다.

예를 들어 이런 점수봉 상황에서 역이 없어도 도라를 퐁하면 주위는 어떻게 반응할까요.

동가:17000점
남가:58000점(본인)
서가:12000점
북가:13000점

친에겐 '방총하면 2순위 하락하는 한편 화료해도 바로 1위가 될 수 없다'라는 상황을 보여줄 수 있고, 상대는 상당히 대처하기 힘들어집니다. 한편 서가는 '내려도 4위라 공격하는 수밖에 없다'라는 상황이 되기에 서가의 화료와 서가에게 방총을 당해서 1위 유지를 할 가능성도 올라갑니다.。

■ 타가의 조건을 알면 울기도 읽을 수 있다!

조금 전 간단하게 소개했던 '사시코미'도 유용합니다. 본인이 점수봉에 여유가 있는 1위라면 자의 리치에는 방총을 당해도 1위를 유지할 수 있고, '타가는 순위 상승을 목표로 한다'라는 점을 가미하면 울기의 타점도 더욱 정확하게 읽을 수 있습니다.

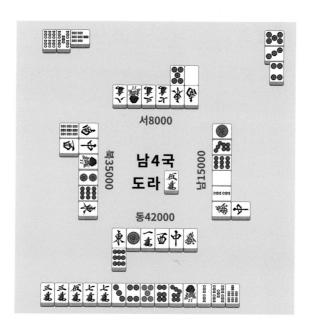

예를 들어 이런 점수봉 상태로 서가가 을 치했습니다. 버림패
는 극히 평범하고 삭수패를 모으는 것 같지도 않습니다. 일반적인 국에서
라면 타점을 읽을 수 없으나 서가는 역전 조건을 충족하기 위해 만관 손패
를 만들고 있다고 읽을 수 있습니다. 본인의 눈에 적도라가 전부 보이니 남
은 타점이라고 한다면…… 네, 도라안커인 탕야오, 도라3밖에 없습니다.
8000점을 방총당하면 순위가 하락하니 서가에게 방총당해선 안 된다는
사실을 알았습니다.

　서가가 도라를 3장 가지고 있다면 남가의 손에는 도라가 있어도 최대 1
장, 타점은 1000~2000점으로 3위를 유지하기 위한 울기라는 사실을 읽을
수 있습니다. 여기에선 서가에게 방총당하는 걸 피하면서 남가를 어시스트
하거나 사시코미를 하는 게 좋습니다.

■ 타가의 속도를 조절하는 「어시스트」와 「시보리」

오라스 이전에도 점수봉 상황을 의식해서 '어시스트'와 '시보리'를 할 수 있습니다.

예를 들어 이런 점수봉 상황이라면 (본인 이외에) 누가 화료를 하는 게 이득일까요?

남3국
동가 : 30000점
남가 : 43000점 (본인)
서가 : 10000점
북가 : 17000점

서가나 북가입니다. 1위 다툼의 라이벌인 상가 친의 차례가 끝나고 여유로운 1위를 유지한 채 오라스를 맞이할 수 있으니 친 이외의 화료는 오히려 환영할 만한 점수 상황입니다.

그런 남3국에 화료를 응원하는 서가가 [ ]을 퐁했습니다.

통수패와 삭수패의 중장패부터 버린 걸 보아 아마도 만수패를 모은 혼일색으로 보입니다. 그리고 본인의 손패는 텐파이를 하기엔 아직 멀었습니다! 이런 상황에선 '어시스트'를 쓸 차례입니다.

'어시스트'란 '본인에게 필요한 패라도 타가(주로 하가)가 울기 좋은 패라면 버린다'라는 방법입니다. 본인이 화료하긴 힘들어도 하가의 패를 진행시켜서 1국을 끝내는 게 가장 이상적입니다. 만약 하가의 울기로 맞은편과 친이 만수패를 버리기 힘들어하거나 내려준다면 그것만으로도 본인이 1위에

더욱 가까워집니다. 즉 이 상황에선 하가가 쓸 만한 만수패를 전부 버리는
게 좋습니다.

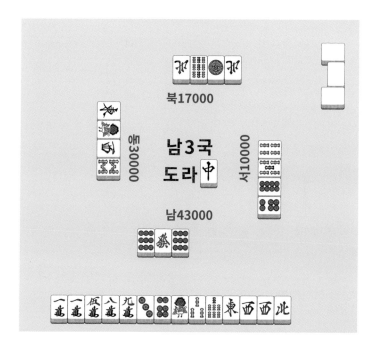

이어서 '어시스트'와 반대 테크닉인 '시보리'에 대해 소개하겠습니다.

같은 장면으로 보일지도 모르겠지만 이번엔 본인이 북가이고 하가가 라이
벌인 동가로 변했습니다. 동가가 이미 ▢을 퐁한 상태에서 만약 연장전에
들어가면 단숨에 1위를 하게 될 것 같습니다. 하가의 화료를 반드시 저지하
고 싶어! 그러기 위해선 맞은편이나 상가에게 방총당하는 게 나은 상황입
니다.

이처럼 점수 상황과 친의 자리에 따라 화료하길 바라는 상대가 바뀝니다.

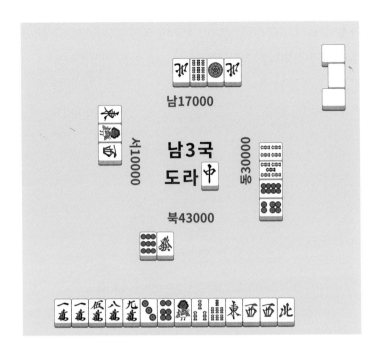

단순하게 정리하면 다음과 같습니다.

- **라이벌(점수 차이가 가까운 상대)이나 친의 화료를 피하고 싶다**
- **그 이외 사람의 화료는 비교적 괜찮다**

조금 전엔 하가가 4위여서 어시스트를 썼는데, 이번 하가는 화료하지 않길 바라는 친이자 라이벌! 이런 상황에선 '시보리'라는 테크닉을 사용합니다. '시보리'란 어시스트와 반대로 '본인에게 필요없는 패라도 타가(주로 하가)가 울 것 같은 패는 버리지 않는다'입니다.

구체적인 타패로선 하가가 울지 못할 것 같은 ⬜⬜이나 ⬜⬜⬜부터 버리고 울기를 한 하가의 손패가 더는 진행되지 않게 타패를 선택합니다.

하가의 발을 묶고 화료율을 낮추기 위해서! 이렇게 맞은편이나 상가의 화료율이 올라가면 라이벌인 친의 차례가 넘어갈 가능성도 올라갑니다. 하가가 라이벌, 혹은 친일 땐 특히 '시보리'를 의식해야 하는 상황이 많습니다.

혼자 힘으로 화료를 해서 점수봉을 버는 게 공격 마법이라면 이 '시보리' 와 '어시스트'는 타가의 속도를 조절하는 보조 마법 같다고 해야 할까요.

가끔 이런 식으로 본인이 화료하는 이외의 방법으로 국을 진행하는 수단을 활용하면 순위 유지가 한층 편해집니다.

가진 점수에 따라 작전을 바꿔라!

점수봉 상황에 따라 공수 판단이 달라지는 경우는 오라스뿐만이 아닙니다. 가진 점수에 여유가 있을 때와 적을 땐 판단이 어떻게 바뀌는지에 대해서도 살펴보겠습니다.

■ 본인의 점수봉에 여유가 있을 때

남장에서 4만 점 이상을 가진 상황 등 리드를 지키면 1위를 할 수 있는 상황에선 판단 기준이 평소보다 리스크 회피 쪽으로 기울게 됩니다.

남2국 45000점으로 1위 남가 6순 도라 🀇

리치를 선언하면 리치, 이페코, 적도라1의 5200점. 이건 제1장에서 설명했던 '강한 리치의 세 가지 조건' 중 '속도', '고타점' 두 가지를 충족한 강한 리치입니다. 하지만 대기는 간짱 🀋. 나오기 쉬운 대기라고 할 수 없고, 타가가 추격 리치를 선언했을 땐 불리한 싸움이 기다리고 있습니다.

이미 충분한 점수봉을 번 이번 경우엔 다마텐으로도 역이 있어서 화료할 수 있다는 점, 양면 대기 변화의 단서가 있다는 점에서 다마텐을 하며 1국이 끝나길 기다리는 게 좋습니다.

남2국 45000점으로 1위 남가 6순 도라

 을 버리면 역패, 적도라1의 2000점,  을 버리면 역패, 또이또이, 적도라1의 8000점 텐파이입니다. 제2장의 '4배 공격 찬스' 사고방식에 근거하면  을 버리고 만관 텐파이를 하고 싶은 상황입니다. 그러나 여기에서도  을 버리고 화료하기 쉬운 양면 대기를 하는 걸 추천합니다.

가진 점수가 많을 땐 빨리 화료해서 1국을 끝내는 가치가 올라가고, 타점을 올릴 가치는 상대적으로 내려갑니다.

■본인의 점수봉이 적을 때

반대로 가진 점수가 적을 땐 리스크를 감수하더라도 역전의 기회를 늘리는 선택이 효과적입니다.

남2국 9000점으로 4위 남가 6순 도라

우형이 남은 량샨텐입니다. 엉덩이에 불이 붙은 듯한 남장 4위. 득점 기회는 앞으로 다시 오지 않을지도 모릅니다. 이대로는 2000점의 손패이지만 중을 깡하면 부수가 늘어서 2600점으로 타점이 상승하고, 새로운 도라가 생기면 8000점 이상이 될 가능성도 있습니다. 어차피 4위에서 방총을 당하더라도 5위나 6위가 되는 건 아니니 말하자면 잃을 게 없는 상황! 역전의 가능성에 걸고 강하게 깡을 외칩시다.

　또한 깡에 의해 도라가 늘어나 타가의 타점이 올라가도 4위일 땐 완전한 단점이라고 말할 수 없습니다. 어차피 점수의 횡이동이 발생했을 때의 타점도 올라가니 위에서 경쟁하던 타가가 라이벌의 고타점 패에 방총당해 점수를 크게 잃고 4위로 떨어질 가능성도 올라가기 때문입니다.

　'타가를 4위로 떨어뜨린다'라는 사고방식은 이런 상황에서도 도움이 됩니다.

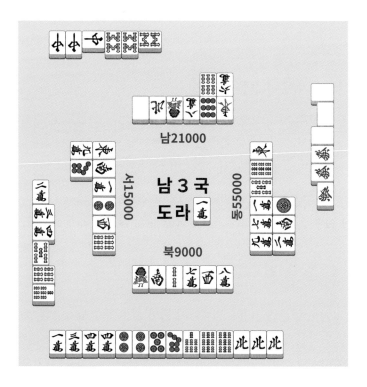

세 명의 울기에 낀 상태에서 본인의 손패는 우형이 많아 앞으로 화료하기

힘들어 보입니다. 이대로 남가, 서가가 화료를 하면 '앞으로 1국 안에 6000점 이상의 차이를 메워야만 한다'라는 힘든 조건을 충족해야 하는 오라스가 될 겁니다.

그럼 본인이 할 수 있는 일은 아무것도 없는 걸까요? 여기에선 방금 지나간 을 버리고 만수패, 삭수패를 섞어 버리면서 통수패 혼일색을 노리는 것 같은 친에게 어시스트를 시험해보는 게 좋습니다. 친이 론을 외치면 안 되겠지만 치로 손패를 진행하기만 하면 일단 원하는 대로!

역패, 역패, 혼일색으로 만관 텐파이인 친에게 남가, 서가가 '나도 텐파이 상태'라며 맞서 싸우다 방총당한다면 4위로 떨어지게 되어 본인은 화료를 하지 않아도 순위 상승을 할 가능성이 있습니다. 4위는 일부러 고타점의 화료와 횡이동이 발생하기 쉬운 판을 만들어 누군가가 전락하길 기다리는 것도 작전 중 하나입니다. 특히 원점수의 가치가 적은 온라인 마작에선 활용 빈도가 높은 테크닉입니다.

만약 남가, 서가가 내린다 해도 친이 화료하고 연장전을 한다면 국이 진행되지 않아서 '앞으로 2국 안에 6000점 차이를 메우면 된다'라는 조건을 유지할 수 있습니다. 국이 늘어나면 그만큼 좋은 패가 들어올 추첨을 할 수 있으니 점수에서 리드하고 있을 땐 국을 빨리 끝내는 게 중요하고, 크게 지고 있을 땐 되도록 다음 국으로 가지 못하게 막아야 한다는 걸 기억합시다.

끝내면서

끝까지 읽어주셔서 감사합니다!

이 책에선 마작에 대한 이해를 깊이 하기 위한 사고방식을 잔뜩 적었습니다. 대국 중에 생각할 점, 보이는 정보가 늘어나면 할 수 있는 일이 점점 늘어납니다. 할 수 있는 일이 늘어나면 마작은 더욱더 이길 수 있게 되고, 더욱더 재미있어집니다! 이 책을 보신 여러분께서 마작을 더욱 즐겨주시길 바랍니다!

마지막으로 센바 쿠로노로서 너희에게 성원을 보내겠다.

앞으로 벽에 부딪히는 때도 분명 있을 것이다. 아니, 반드시 벽에 부딪힐 것이다! 반드시 그렇게 될 것이다!! 3면 대기가 간짱에게 지거나 대기를 바꾼 순간 바꾸기 전의 대기패를 쯔모하거나, 그뿐 아니라 원하는 패가 끝까지 들어오지 않는 상황도 있을 것이다.

'이렇게 노력하는데 왜 이기지 못하는 거지?'

'왜 이렇게 불합리한 일만 일어나는 거지?'

분한 감정, 슬픈 감정, 화가 치미는 감정에 휩싸일 때도 있을 것이다.

하지만 이렇게 실패할 수 있는, 완벽하게 진행해도 질 수 있는 게임은 달리 없는 것이다. 반드시 극복하기 힘든 곤란과 불합리함에 부딪히는 게임이기에 그 벽을 극복했을 때의 성취감도 각별한 법이다. 그것이야말로 마작의 가장 큰 매력이라고 생각한다.

사실 벽에 부딪혔을 때야말로 사람으로서 크게 성장할 수 있는 기회인 것이다. 무엇을 감추랴. 실은 이 몸도 1000년의 마작력 중 셀 수 없을 정도로 벽에 부딪혔던 것이다.

가장 인상 깊었던 일 중 하나는 '역패 안커 버리기 사건'이었다. 이 몸이 아직 한창때인 990살 정도였을 무렵, 멤버로서 손님 세 명과 마작을 하다 맞이한 남4국. 이 몸은 45000점으로 1위를 하고 있었다.

화료하면 1위를 하는 상태에서 두 번의 울기를 한 참에 3위가 리치를 선언했다. 安을 안커 버리기로 내리던 참에 리치를 선언한 손님이 '멤버가 2번이나 울기를 한 후에 내리면 안 되잖아.'라며 클레임을 걸었던 것이다. 그날부터 매일 2시간씩 가게 전화로 계속 클레임이 들어왔고, 곤란하던 점장이 '우리 가게에서 계속 일하고 싶으면 마작을 할 때 울기는 하지 마.'라는 말까지 했던 것이다!

이 몸의 마작과 지금까지 이 몸의 마작을 키워줬던 사람들을 전부 부정하는 것 같은 말을 듣고 굉장히 분한 감정에 휩싸였다. 하지만 지금 가게를 그만두면 도망치는 것 같다는 생각에 시키는 대로 마작에서 계속 이기면서 이 몸의 마작이 틀리지 않았다는 걸 증명하겠다고 마음먹었던 것이다!

되도록 울기를 하지 않고 멘젠 상태로 이기기 위해서, 손패를 짧게 만들지 않고 게임을 만들어 국을 조작하기 위해서 어떻게 해야 하는지 고민하며 지금까지 중시하지 않았던 기술을 찾게 되었고, 결과적으로 스스로도 크게 성장했다고 생각한다.

이건 어디까지나 극단적인 경우지만 벽에 부딪힌 너희는 분명 강해지는 도중일 것이다! 극복했을 땐 전보다 훨씬 성장했을 게 틀림없다. 벽에 부딪히고, 그래도 노력하는 너희는 정말 훌륭하고 멋있구나! 잔뜩 칭찬해주고 싶은 것이다!

예를 들어 인터넷 마작에서 단이 강등당했을 때 '벽에 부딪혔다'라고 느끼는 순간도 있을 것이다. 하지만 강등이란 '강등당할지도 모르는 상태'에서도 마작에서 도망치지 않고 진지하게 마주했다는 증거다. 작사로서 말하자면 훈장과도 같은 것이다. 이 벽을 극복했을 때 너희는 분명 어제보다 작사로서도 인간으로서도 성장했을 것이다.

그리고 전하고 싶은 게 또 한 가지! 마작을 하기 힘들다는 생각이 들면 억지로 할 필요는 없다!

마작은 의무도 직업도 아니니 패를 쥐는 게 힘들 땐 다른 일을 해도 되는 것이다! 주변을 산책하거나 책을 읽거나 게임이나 영화를 즐기는 것도 좋을 것이다. 그렇게 잠시 거리를 두면 언젠가 문득 마작을 하고 싶을 때가 올 것이다.

마작은, 그리고 이 몸은 어디에도 가지 않고 너희를 계속 기다리고 있을 것이다!

센바 쿠로노 (千羽 黒乃)

마작을 사랑하는 카라스텐구 버추얼 YouTuber. 인터넷 마작 『천봉』에서 9단, 『작혼』에서 혼천의 실적을 쌓고 채널 구독자 수는 12.2만명(2023년 3월 기준). YouTube에서 한 마작 동영상은 논리적이면서 유머 넘치는 타패 해설로 초심자도 보기만 해도 마작 실력이 늘어서 인기를 얻고 있다. 영상 이외에도 잡지 『근대마작』(타케쇼보)에서 칼럼 연재 등 집필 방면에서도 활약하고 있다. 저서로 『마작 1년차 교과서』(타케쇼보)가 있다. 말장난을 좋아하고 라이브 방송 중에도 문득 떠올린 말장난을 하는 버릇이 있다.

센바 쿠로노의 강해지는 마작

펴 낸 날 2025년 3월 31일 초판 1쇄

지은이 **센바 쿠로노**
번   역 반기모

편   집 김일철
마 케 팅 이수빈
라 이 츠 선정우
디 지 털 김효준

펴 낸 이 원종우
펴 낸 곳 (주)블루픽
　　　　　주소 (13814) 경기도 과천시 뒷골로 26, 2층
　　　　　전화 02 6447 9000　　팩스 02 6447 9009
　　　　　메일 edit@bluepic.kr　웹 http://bluepic.kr

I S B N 979-11-6769-339-6 03690